Peter Schneider
Typenkompass Drögmöller-Omnibusse
1930 –2001

Peter Schneider

Drögmöller-Omnibusse

1930 – 2001

Einbandgestaltung: Katja Draenert unter Verwendung von Motiven
aus dem Archiv der Volvo Busse Deutschland GmbH, Heilbronn

Bildnachweis
Fotos und Quellen: Archiv der Volvo Busse Deutschland GmbH, Heilbronn

ISBN 3-613-02434-9

Copyright © by Motorbuch Verlag, Postfach 103743, 70032 Stuttgart.
Ein Unternehmen der Paul Pietsch-Verlage GmbH + Co

1. Auflage 2004

Sie finden uns im Internet unter: www. motorbuch-verlag.de

Druck: Henkel GmbH, 70435 Stuttgart
Bindung: IDUPA, 73277 Owen
Printed in Germany

Inhalt

5 ■

Inhalt

Einleitung

Angefangen hat es im Jahre 1920, in einer wirtschaftlich schwere Zeit. Am 1.Juli jenes Jahres gründete Gotthard Drögmöller einen Karosseriebaubetrieb in Heilbronn. Er hatte die Ausbildung als Stellmachermeister und Karosseriebautechniker beendet, erstklassiges technisches Verständnis und eine unermüdliche Aktivität.

Von Anfang an standen seine Arbeiten auf der Grundlage solider handwerklicher Fertigung und der guten Form. Der Lohn des Fleißes und des Qualitätsprinzips blieb nicht aus. Seine Leistungen wurden gefragt, das Unternehmen wuchs. Auf internationalen Wettbewerben wurden Preise gewonnen. So zum Beispiel der 1. Preis im Schönheitswettbewerb 1933 in Baden-Baden mit einem Mercedes-Benz Typ 290 Cabriolet C. Doch Anfang der 30er Jahre musste man die Produktion von Automobil-Karosserien einstellen, um Platz zu schaffen für ein neues Produkt: Unter der Bezeichnung „Karosseriebau G. Drögmöller" baute das Unternehmen erste eigene Reiseomnibusse. Als Mitte der dreißiger Jahre die „Stromlinienform" das

Gesicht der Automobile von Grund auf zu verändern begann, übertrug Drögmöller die neue Karosserielinie auch auf seinen Omnibusbau und spezialisierte sich darauf. Dann kam der Krieg und statt der Omnibusaufbauten entstanden erst einmal Panje-Wagen und Schlitten für die Wehrmacht.

Am 1.Juli 1945 legte Gotthard Drögmöller zusammen mit einigen wenigen Mitarbeitern ein zweites Mal den Grundstein für eine erfolgreiche Firmenentwicklung. Seinem Grundsatz blieb er treu. „Man will nicht der Größte sein, dafür aber der Beste." Nach seinem Tod im Januar 1957 hinterließ er seinen Nachkommen ein Lebenswerk und ein Geschäftsprinzip, dem man bis heute – trotz des harten Wettbewerbs – treu blieb.

Als dann die Nachkriegs-Produktion von Omnibusaufbauten langsam wieder anlief, stellte man auch gleich das Karosseriegerippe von

Mercedes-Benz Typ 290 Cabriolet C 1933, Karosserie Drögmöller Heilbronn a/N.

Hartholz auf Ganzstahlbauweise um. In den 50er Jahren packte die Deutschen das Reisefieber. Mit schmucken Reisebussen ging es nach Österreich oder in die Schweiz oder auch über die Alpen nach Italien. Drögmöller hielt mit und versah in erster Linie Mercedes-Benz-Chassis mit individuellen Reisebus-Aufbauten, nach den Wünschen des Käufers ausgestattet, die sich wegen der Formschönheit der Karosserie und der hervorragenden Verarbeitungsqualität bald einen guten Namen machten.

Den Sprung vom reinen Karosseriebau zum kompletten Fahrzeugbau schaffte Drögmöller 1965. Der „Neuling", bei dem nur der Motor und andere Antriebsaggregate „fremd" waren, erhielt die Typenbezeichnung DR 35 und kam aus einem neuen Werk, mit dem Drögmöller gleichzeitig die Busproduktion von der Koepffstraße in die Lichtenbergstraße im Heilbronner Industriegebiet umzog. Den Trend zu stärkeren Motoren, höheren Geschwindigkeiten und steigendem Fahrkomfort beantwortete Drögmöller Anfang der 70er Jahre mit dem E 320 in Hochdeckerform. Mit neuer Typenbezeichnung und mit einem nun vollkommen eigenen Design mit formschöner Vorderpartie und weltweit größter, stegloser Panorama-Windschutzscheibe gelang ein charakteristisches Erscheinungsbild. „Das Fahrwerk soll schneller sein als der Motor" wurde zur Devise für die technische Weiterentwicklung des Fahrwerkrahmens. Die Drögmöller-eigene Vorderrad-Einzelradaufhängung mit Doppelquerlenkern verlieh den Reiseomnibussen aus Heilbronn nicht nur hervorragende Fahreigenschaften, sie erfüllten auch, ganz auf zeitgemäße Touristik ausgerichtet, alle Bedingungen für die Zulassung „Tempo 100" auf Autobahnen.

Ende der 70er Jahre staunte die Fachwelt über den E 330 Comet, der mit neuem, keilförmigem Karosseriedesign den Wandel zur Unverwechselbarkeit perfekt machte. Theaterbestuhlung und nach hinten ansteigende Fensterlinie verhalfen zum neuen Firmen-Image „made by Drögmöller". Die Comet-Baureihe avancierte

„zum Hecht im Karpfenteich", denn mit sprichwörtlich schwäbischem Fleiß, mit modernem Styling und Qualität nutzte der kleine Karosseriebauer Drögmöller unternehmenstypisch geschickt die Lücke aus, die die Großen im Omnibusbau aufgrund der für sie wenig lukrativen Stückzahlen hinterließ. Die Fertigungszahlen bewegten sich in den siebziger Jahren stets um 100 Busse pro Jahr, wovon 50 Prozent auf die Ausführungen mit Daimler-Benz-Basisteilen entfiel. Um auch bei diesen Modellen die Exklusivität hervorzuheben, wurde die Frontpartie dieser Omnibusse dem Drögmöller-Styling mit der tief heruntergezogenen Frontscheibe angeglichen. Doch als im Jahre 1984 der vorläufig letzte Omnibusaufbau auf einer Mercedes-Benz Bodengruppe produziert wurde, ging eine erfolgreiche Tradition zu Ende, die 1930 ihren Anfang nahm. Nun verließen nur noch Komplettreisebusse aus eigenem Hause das mittlerweile weiter ausgebaut und modernisierte Omnibuswerk in der Heilbronner Lichtenbergstraße.

Die Comet-Reisebusfamilie war in den achtziger Jahren in allen wichtigen Klassen vertreten. Im Zuge einer Typenreduzierung Anfang der 90er Jahre fielen die kleineren, kaum noch gefragten Modelle aus dem Programm, da ihr Fertigungsaufwand dem der 12-Meter-Modelle entsprach. Nun bildeten die Comet-Varianten und der Doppeldecker E 440 Meteor den Schwerpunkt der Drögmöller-Fertigung. Im neuen Jahrzehnt zeigten sich die Drögmöller-Busse mit neu gestalteter Frontpartie, dabei trugen die insgesamt sechs kleinen Rechteckscheinwerfer zum neuen Erscheinungsbild bei. Mit dem Hochdecker E 325 als Kombibus präsentierte Drögmöller 1993 eine, wie sich herausstellen sollte, letzte Neuentwicklung.

Der Name Drögmöller in Heilbronn war für Reisebus-Unternehmer aus aller Welt zum Inbegriff für Reisebusse der Spitzenklasse geworden. Es waren durchweg Reisebusse der gehobenen Klasse (3- und 4-Sterne Kategorie), die von den Heilbronner „Karosserie-Stylisten" in

ausgesprochen handwerklicher Bauart, mit viel Liebe zum Detail und unter gewollter Möglichkeit der Einflussnahme des Kunden entwickelt und gefertigt wurden. Hohe Materialqualität und intensive Konservierung zur Lebensdauerverlängerung aller gefährdeter Teile sowie dauernde Überarbeitung zur Verbesserung der Fahrgast- und Fahrerbequemlichkeit waren keine Werbesprüche in einem Unternehmen, das zu Beginn der neunziger Jahre jährlich mit rund 320 Mitarbeitern, bei denen es sich nahezu ausschließlich aus gelernten Facharbeitern bestand, rund 90 Omnibusse verkaufte. Doch Mitte der 90er Jahre erfasste ein gewaltiger Strukturwandel und der unaufhaltsame Trend zur Globalisierung auch die Omnibuslandschaft. Die großen Aggregate- und Fahrgestellhersteller begannen, sich direkt in der Produktion von Komplettfahrzeugen zu engagieren. Was mit intensiven Verhandlungen und einer Phase der Kooperation begann, wurde am Vortag zur IAA in Hannover im September 1994 der internationalen Presse bekannt gegeben: Volvo und Drögmöller machen gemeinsame Sache. Das sich durch Exklusivität, Modellkonstanz und hoher Karosserielebensdauer sowie durch beste Verarbeitungsqualität auszeichnende Unternehmen wurde nun eine hundertprozentige Tochter von Volvo. Als zwei Jahre später der im Heilbronner-Werk der Volvo Busse Deutschland GmbH entwickelt und gebaute Volvo B 12/600 zum „Coach of the Year 1996" gekürt wurde, war dies auch eine späte, aber verdiente Auszeichnung für Drögmöller, denn im Volvo B 12/600 EuroComet mit seiner ansteigenden Theaterbestuhlung fand diese einzigartige Drögmöller-Idee ihre Fortsetzung. Heute hat sich das ehemalige Drögmöller-Werk zu einem Entwicklungszentrum und zur Edelschmiede für die Volvo Reisebusse der Oberklasse gemausert. Das neue Modell Volvo 9900 – made by Drögmöller – ist hierfür der beste Beweis.
Die in diesem Band der Typenkompass-Reihe enthaltenen Drögmöller Omnibusse von 1930 bis 2001 sind nach Baureihen geordnet, innerhalb dieser Gruppen chronologisch nach Erscheinungsjahr. Es handelt sich hierbei sowohl um unterschiedliche Karosserie-Aufbauten auf Fahrgestelle verschiedener Fahrzeughersteller, als auch um die seit 1965 in Heilbronn komplett hergestellten Drögmöller-Reiseomnibusse. Von Anfang an rüstete Drögmöller jeden Omnibustyp nach Kundenwunsch unterschiedlich aus, so dass eine Vielzahl von Ausrüstungsvarianten von jeder Baureihe zur Wahl standen. Sie alle aufzuführen und näher darauf einzugehen, würde den Rahmen dieses Buches sprengen. Die technischen Beschreibungen beschränken sich deshalb auf die Hauptdaten des jeweiligen Grundmodells und enthalten gegebenenfalls Vermerke zu wichtigen Modell- und Ausstattungsvarianten, die dem Drögmöller-Omnibus-Programm seit jeher eine große Bandbreite verliehen haben. Entgegen der seit Anfang 1980 gültigen SI-Einheit Kilowatt (kW) wurde bei den Verbrennungsmotoren die alte Größe PS weitergeführt, um eine einheitliche und vergleichbare Leistungseinheit beizubehalten.
Der Typenkompass versteht sich in erster Linie als eine kompakte, übersichtliche Zusammenstellung der Modellfamilien, die dem Leser und Benutzer eine Hilfe sein soll bei der Schnell-Identifikation. Sei es für eine historische Zuordnung, Erweiterung des Fachwissens oder für eine Kaufentscheidung. Dieser Typenkompass ist aber auch die erste vollständige Dokumentation über die in Heilbronn gebauten Drögmöller-Omnibusse.

An dieser Stelle möchte sich der Autor ganz besonders bei Herrn Martin Diebold, der viele Jahre als leitender Mitarbeiter im Hause Drögmöller tätig war, für seine tatkräftige Unterstützung recht herzlich bedanken. Sein Fachwissen und seine innerbetrieblichen Kenntnisse haben zur Realisierung dieses Bandes der Typenkompass-Reihe beigetragen.

Anmerkungen zu den Baureihen

1930-1941
Drögmöller-Aufbauten

Anfang der 30er Jahre begann die deutsche Wirtschaft voller Optimismus wieder in die Zukunft zu schauen. So auch der Heilbronner Karosseriebetrieb von Gotthard Drögmöller, der sich entschloss, neben Personenwagen-Karosserien und Lkw-Pritschenaufbauten nun auch Omnibus-Karosserien herzustellen. Ein Teil der Omnibuskarosserien war so gestaltet, dass ein Lkw-Fahrgestell wahlweise die Omnibuskarosserie oder eine Ladeeinrichtung aufsatteln konnte. Ausgerechnet ein Lastwagen-Fahrgestell des Ford AA von 1930 trug den ersten Drögmöller-Omnibus-Aufbau, ihm folgten Mercedes-Benz, Magirus-Deutz, Opel und MAN. Die Entwicklung der Stromlinienform beim Automobil wurde auch auf den Bereich von Omnibussen übertragen, zumal auch zeitgleich der Bau von Autobahnen begann. Diese Entwicklung wurde im Hause Daimler-Benz so positiv bewertet, dass ab diesem Zeitpunkt Daimler-Benz-Fahrgestelle mit Drögmöller-Karosserien weltweit vermarktet wurden. Die Entwicklung neuer Karosserieformen auf verschiedenen Fahrgestellen brachte einen steilen Umsatzanstieg. Über Daimler-Benz begann der Export von Drögmöller-Omnibussen nach Afrika, Arabien und Südamerika. Die Stromlinienform für Omnibusse war eine Neuheit. Unverkennbar waren stilistische Merkmale vom Automobil übernommen worden. Es waren gut ausgestattete, spezielle Reise- und Ausflugsomnibusse mit bequemen Ledersitzen. Aus den Auftragsbüchern aus der Zeit Ende der 30er Jahre ist ersichtlich, dass sich die Ausstattung der Omnibusse immer mehr verfeinerte; man wollte den Fahrgästen eine Reise immer angenehmer machen. Doch diese Entwicklung wurde durch den Kriegsausbruch jäh

Drögmöller-Werbung von 1953.

unterbrochen. Die Drögmöller-Produktion musste auf Lastwagen und Anhänger für die Wehrmacht umgestellt werden.

1949-1964
Drögmöller-Aufbauten

Bei einem Bombenangriff 1944 auf Heilbronn und bei den Kampfhandlungen wurden fast alle Drögmöller-Gebäude zerstört. Eine Produktion war nicht mehr möglich. Dann begann der Wiederaufbau. In Etappen entstanden neue Werkhallen, neue Arbeitsplätze. Mit Reparaturen an alten Lastkraftwagen und deren Umstellung auf Holzgasbetrieb, auch an Omnibussen und Personenwagen, begann wieder neues Leben. Nach und nach kehrten die alten Mitarbeiter wieder zurück. 1947 wurde die Omnibusproduktion wieder aufgenommen und brachte gleichzeitig die Umstellung auf Ganzstahlbauweise (bis Kriegsende waren für Omnibusse teilweise noch Gerippe aus Hartholz üblich). Neue Untergestelle für Omnibusse waren jedoch in diesen ersten Nachkriegsjahren Mangelware; deshalb wurden die ersten Omnibusse auf gebrauchte Fahrgestelle gesetzt, die den Krieg noch brauchbar überstanden hatten. 1950 brachte dann Daimler-Benz den Fahrgestelltyp O 3500 auf den Markt. So stand wieder ein neues Fahrgestell zur Verfügung, das den Omnibusmarkt belebte und für Karosseriehersteller eine solide Basis für Aufbauten bildete. Außerdem brachten andere Fahrzeughersteller ebenfalls geeignete Fahrgestelle heraus, die mit Omnibuskarosserien versehen wurden, dazu gehörten u.a. Büssing, Magirus, MAN, Opel und Henschel. In den fünfziger Jahren packte die Deutschen das Reisefieber. Mit schmucken Reisebussen ging es nach Österreich oder in die Schweiz oder auch über die Alpen nach Italien. Runde Formen reizten die Bus-Bauer, wie man an den Drögmöller-Aufbauten sehen konnte. Die Neuzeit des Omnibusses begann 1954 mit den Mercedes-Benz-Fahrgestellen O 321 H. Die selbsttragende Bodengruppe aus Profilstahlrohren mit Heckmotor, an dem nun kein Weg mehr vorbeiführte, eröffnete neue Möglichkeiten für die Hersteller von Omnibusaufbauten. Die ganze Fahrzeuglänge wurde nun Fahrgastraum. Zusammen mit dem ab 1962 angebotenen O 321 HL, avancierte der Mercedes-Benz O 321 H zum Bestseller im Omnibusprogramm von Drögmöller, für die man erstmals einen Farbprospekt herausbrachte.

1965-1975
Drögmöller-Baureihe DR

Mit dem Drögmöller DR 35 präsentierte der Heilbronner Karosseriehersteller auf der IAA in Frankfurt 1965 erstmals einen modernen Reiseomnibus mit eigenem Fahrgestell, bei dem nur noch der Motor und andere Antriebsaggregate „fremd" waren. Die Weiterentwicklung führte über die Modelle DR 35/1, DR 35/2, DR 35/3 und DR 35 L, der bereits mit der modernen Luftfederung ausgerüstet wurde, die darüber hinaus eine Fahrzeug-Niveauregelung sowohl an der Vorder- wie auch an der Hinterachse ermöglichte. Eine weitere technische Besonderheit war das Patent Nr. 1 939 377 vom 02. August 1969, das Drögmöller für seine Kofferklappen mit innenliegenden Scharnieren mit Zweifach-Abwicklung erteilt bekam. Dem Trend nach größerer Motorleistung entsprach der DR 256 mit nunmehr 256 PS, bei dem die PS-Zahl, im Vorfeld einer künftigen Typenstruktur, in die Typenbezeichnung einbezogen wurde. Der Einbau des V8-Motors führte auch zur größeren Fahrzeughöhe, die Drögmöller bei der Gestaltung im Bereich der Windschutz-

Eigenbau: Drögmöller-Reiseomnibus DR 35 von 1965 mit 8 Sitzreihen und Platz für 33 Fahrgäste.

scheibe und den darüber liegenden Frischlufteintritt für eine vergrößerte Lufteinrittsfläche nutzte. Ein Drögmöller-Patent verhalf zur beschlagfreien Sicht nach allen Seiten, denn bei der Doppelverglasung der Seitenscheiben wurde nach dem Drögmöller-System/Solbit die erste Scheibe außen und die zweite Scheibe innen bündig einvulkanisiert. Den Abschluss der Drögmöller DR-Baureihe bildete der Eupu 256 Stufenhochdecker mit angehobener Fahrgastplattform. Der Dachabsatz im mittleren Dachbereich war erforderlich geworden, da es zu dieser Zeit noch keine größeren Windschutzscheiben auf dem Markt gab. Erstmals baute Drögmöller einen TV-Empfänger mit Videorekorder in einen Omnibus ein.

1965-1975
Drögmöller-Aufbauten

Parallel zu dem nunmehr eigenständigen Komplettbau von Reisebussen lief bei Drögmöller weiterhin der Karosseriebau auf Bodengruppen der Daimler-Benz-Typen O 302, O 319 und LPO 608 D. Besonders vielfältig war das Angebot auf O-302-Basis, das, ständig an die aktuelle Drögmöller-Bustechnik angepasst, vom 10 R bis zur 12-Meter-Variante O 302/ 13 R reichte. Drögmöller bot Busse verschiedener Längen sowie in „Schweizer Breite" und entsprechenden Sitzreihen als Luxusomnibus mit „individuell gestalteter Note". Als Drögmöller 1970 einen Hochdecker mit stufenartig ansteigendem Innenraum vorstellte, versah man auch die O 302-Bodengruppen mit diesem, optisch den amerikanischen Greyhound-Bussen der 50er-Jahre nachempfundenem Omnibus-Aufbau. Beim Drögmöller-Hochdecker auf Mercedes-Benz O 302/13 R wurde erstmals für den Beifahrer ein richtiger Ruheraum mit allem Komfort eingerichtet. Die Hochdeckerform eignete sich hierzu besonders. Überhaupt wurden immer häufiger Komfort-Einbauten realisiert. So das Chemical-WC, Waschraum, Kühlschränke, Bordküche mit Kaffeemaschine

Mercedes-Benz
O 302 / 13 R
mit Drögmöller-
Aufbau 1968.

Drögmöller E 320 Europullman von 1988 mit modifizierter Außengestaltung.

und Wurstkocher, Air Condition, Fernseher und Spezialschlafsessel. Sehr viel Wert legte Drögmöller auf eine gediegene Innenausstattung, auf moderne Sitzbezüge in lichten Farben, Düsenbelüftung an der Decke und gute Sichtmöglichkeit nach allen Seiten. Auf Wunsch gab es eine Klimaanlage. Die Drögmöller-Reiseomnibusse waren individuelle Omnibusse, wie sie der Käufer für sein Unternehmen benötigte, entsprechend vielfältig war das Angebot an Optionen. Daher bot Drögmöller fünf verschiedene Sitzarten und zwei Arten von Türen an. Es gab viele Möglichkeiten der Sonderausstattung; bei allem war aber eine hohe Qualität und beste Verarbeitung oberstes Gebot. Alle Drögmöller-Omnibusse entstanden im Baukastenprinzip. Es veränderte sich nur die Zahl der Scheiben, wenn ein Omnibus zwischen 8 und 12 m lang war. Damals typisches Stilelement der Heilbronner Omnibusse war die Optik der seitlichen Scheibenreihe, die vorne in einem Fünfeckfenster auslief.

1973-1995
Drögmöller Pullman-
Baureihe 300

Im Gegensatz zur Drögmöller-eigenen DR-Baureihe, die sich im Styling der Frontpartie noch am Mercedes O 302 orientierte, präsentierte Drögmöller 1974 den Europullman E 320 mit einem nun vollkommen eigenen Design, wobei in der Typenbezeichnung das „E" für Eigenbau, die Zahlenangabe für die auf 320 gestiegene PS-Leistung stand. Eine erstmals verwendete extrem große steglose Panoramascheibe wurde zum Markenzeichen der Heilbronner Reisebusse, die sich dank des neuen, Drögmöller-eigenen Fahrwerks mit Einzelradaufhängung vorn an Doppel-Querlenkern durch hervorragende Fahreigenschaften auszeichneten. Ab 1975 konnte bei entsprechenden technischen Voraussetzungen wie z.B. Reifenschlitzversuche oder EG-Bremsanlage über den sogenannten Großversuch eine Ausnahmegenehmigung erreicht werden, die die Geschwindigkeit von 100 km/h auf Autobahnen erlaubte. 1988 fand diese 100 km/h Geschwindigkeitsregel auf Autobahnen Aufnahme in der StVZO. Die Pullmann-Baureihe 300 gab es ab 1977 in zwei Modell-Varianten, als 3400 mm hohen Europullman und als Superpullman mit einer Karosseriehöhe von 3200 mm. Da bei allen Fahrzeugtypen mit einer Karosseriehöhe von 3,4 Meter die Türe 2 immer unterhalb der Seitenscheiben eingebaut werden konnte, war eine gleiche Seitenscheiben-Anordnung möglich.

1979 stellte Drögmöller das damals wohl am konsequentesten in Funktionssektoren gegliederte Armaturenbrett im Omnibusbau vor, mit modifiziertem und ergonomisch weiter optimiertem Bediensektor mit der elektronischen Klimaregelung, mit Funktionssektor und ganz besonders mit Testsektor. Besondere Aufmerksamkeit galt dabei der Testeinrichtung: Per einfachem Knopfdruck konnte der Fahrer die wichtigsten Funktionen seines Fahrzeuges ohne Aufwand prüfen.

Kernstück der Fahrgastraum-Neugestaltung von 1983 bildete eine Luftkanal-Gepäckablageentwicklung aus KPS-Profilen. Das KPS-Verfahren ermöglichte eine unlösbare Verbindung von dünnwandigen Aluminium-Strangpressprofilen durch Zusammenpressen speziell ausgebildeter Nuten und Federn. Der dreiteilige Luftkanal (Abluftkanal, Frischluftkanal, Raumluftkanal) war mit der anschließenden Gepäckablage und dem Lichtband aus acht Einzelprofilen zu einer Einheit verpresst. Zur Fahrzeugmitte hin war die Gepäckablage mit einer als Hohlkörper im Blasverfahren aus Polyäthylen hergestellten Klappe versehen. Das neue Styling der Bezugsstoffe („Drögmöller-Design 84") in konsequent asymmetrischen hell-dunkel Variationen ermöglichte die optische Verbindung der Sitze zu einer Einheit. 1986 präsentierte Drögmöller den E 290 Superpullman als Handicap-Bus. Für den Transport für auf Rollstühle angewiesene Personen vorbereitet, wurde im Mitteleinstieg ein Rollstuhllift eingebaut, der in Verbindung mit einer überbreiten Türe eine rasche und bequeme Einstieghilfe für Rollstuhlfahrer darstellte. Verzurrgurte und in den Fußboden eingelassene Befestigungsschienen gewährleisteten eine rasche und standsichere Verzurrung der Rollstühle. Ohne viel Aufwand konnte der Omnibus jederzeit mit einer komfortablen Reisebestuhlung ausgerüstet werden. Beginnend beim E 280 Superpullman bis zum E 430 SuperComet erhielten ab der IAA 1987 alle Fahrzeuge die neue Vorderpartie. Eine Ausnahme bildet hier lediglich der Unterflurcockpit-Bus E 420 Corsair und der Doppelstock-Bus E 440 Meteor. Durch die neue Vorderpartie, die sich durch eine um fünf Grad nach hinten geneigte Windschutzscheibe auszeichnete, konnte nicht nur das Erscheinungsbild harmonischer gestaltet, sondern auch die Aerodynamik nochmals weiter verbessert werden. Es galt hierbei, einen tragbaren Kompromiss zwischen Aerodynamik und somit auch mit dem unmittelbar zusammenhängenden Kraftstoffverbrauch und einem sinnvoll gestalteten Fahrerarbeitsplatz zu finden. Hierzu zählten nicht nur leicht erreichbare Bedienelemente, sondern auch das Fahrerplatzklima und somit die Temperatur am Arbeitsplatz, die bei Sonnenbestrahlung durch übertrieben geneigte Windschutzscheiben unvermeidbar zu hoch würde. Die Leistungsfähigkeit und die Tatsache, dass sich in den beiden zurückliegenden Wintern über 90% der Kunden für eine als Sonderausstattung erhältliche Unterflurfrontheizung entschieden haben, war der Grund dafür, dass ab der IAA 1987 alle Fahrzeuge, mit Ausnahme des E 420 und des E 440, serienmäßig mit dieser Unterflurfrontheizung ausgerüstet wurden. Als sich 1993 der E 320 Europullman aus dem Verkaufsprogramm verabschiedete, waren insgesamt 226 Stück von diesem beliebten und einsatzgerechten Hochdeckerbus produziert worden. Mit dem Hochdecker-Kombibus E 325 präsentierte Drögmöller 1993 eine letzte eigene Neuentwicklung.

Auftrags-Entwicklung: Mercedes-Benz O 404 DD Doppeldecker-Fernreiseomnibus 1992.

1974-1992
Drögmöller Sonderaufbauten

In der Verwirklichung einer Reihe individueller Kundenwünsche zeigte sich, wie groß die handwerklichen Fähigkeiten der Heilbronner „Karosserie-Stylisten" sind. Besonderes in gleichzeitig hoher Qualität zu leisten war im Prinzip eigentlich nichts anderes als das, was sie täglich taten: Handwerkliche Arbeit. Egal, ob es sich um Spezial-Fahrzeuge, auch Sattelaufleger, des Fernsehens als Aufnahme- und Übertragungswagen, um Wohnmobile oder um ein mobiles Musterstudio der Schuhindustrie handelte, meist waren es die stark motorisierten Fahrgestelle von Daimler-Benz, auf die Drögmöller seine Sonderaufbauten setzte. Das unter Fahrzeugbauern hoch geschätzte Qualitäts- und Produktions-Know-How von Drögmöller war ausschlaggebend für die Herstellung eines Prototyps, der auf der IAA 1983 für Furore sorgte. Für das Steinwinter Ingenieur-Team aus Stuttgart stellte Drögmöller ein Träger- und Zugfahrzeug auf die Räder, mit dem man die Idee zu einem fortschrittlichen Nutzfahrzeugsystem als Gesamtkonzept verwirkli-

chen wollte. Doch zu einer Realisierung kam dieses Steinwinter-Projekt ebenso wenig, wie der 1992 im Auftrag von Daimler-Benz bei Drögmöller gebaute Prototyp O 404 DD. Der dreiachsige Fernreise-Doppelstock-Omnibus in Viersterne-Ausführung und mit vielen innovativen Details der Drögmöller-Reisebustechnik ausgerüstet, sollte die Reisebusfamilie O 404 von Mercedes-Benz nach oben abrunden. Die Wirtschaftskrise und die Zulassung des vierachsigen Neoplan Megaliners zum deutschen Straßenverkehr ließen den Markt für dreiachsige Doppeldecker vollständig zusammenbrechen. Daimler-Benz ließ die Fertigung nach einem Exemplar einstellen.

1975-1986
Drögmöller-Aufbauten

Mitte der 70er Jahre ließ sich das Drögmöller-Angebot in zwei Gruppen aufteilen. Das eine waren die Hochdecker-Reiseomnibusse der neuen E-Baureihe 300 mit vollkommen eigenem Design und großer, einteiliger Panorama-Windschutzscheibe, das andere waren die formschönen Aufbauten auf den Fahrgestellen

Mercedes-Benz O 303 / 13 R mit Drögmöller-Aufbau 1975.

der neuen Reisebus-Generation O 303, die vom 9- bis zum 15-Reiher alle wichtige Marktsegmente abdeckten. Die Fertigungszahlen bewegten sich in dieser Zeit stets um 100 Busse pro Jahr, wovon 50 Prozent auf die Ausführungen mit Daimler-Benz-Basisteilen entfiel. Um auch bei diesen Modellen die Exklusivität hervorzuheben, wurde 1978 die Frontpartie dieser Omnibusse dem Drögmöller-Styling mit der tief heruntergezogenen, einteiligen Windschutzscheibe aus Zweischichtglas angeglichen. Auch mit dem Zusatz „DR" in der Typenbezeichnung wurden diese O 303 Reiseomnibusse an die Drögmöller-Linie angepasst. Mit einem dreiteiligen Scheibenwischer wurde ein optimal großer Wischbereich sauber gehalten. Auch die Beplankung unterhalb der Windschutzscheibe war neu gestaltet, wobei der Lufteinlass für das Klimagerät im Bug sehr breit, aber mit der neuen Breitscheinwerferkombination in der Höhe gleich war. Wie bei allen Drögmöller-Reiseomnibussen befand sich über der Windschutzscheibe der Lufteinlass für die Frischluftzufuhr der Luftkanäle. Der neue Drögmöller-Reiseomnibus war um 10 cm höher als der Vorgänger. Dadurch wurde auch der Fußboden höher, was zu einem wesentlich größe-

ren Kofferraum führte. Bei der Neugestaltung der Seitenwände wurden die Seitenscheiben vergrößert, die Kanten und Säulen mit neuen Leisten abgedeckt und durch die Lackierung im Bereich der Scheiben das Aussehen verbessert. Neu waren die Doppelscheiben aus Climavit-Isolierglas, denn beide Scheiben waren mit Parsolbronze behandelt. Dadurch wurde die wärmedämmende Wirkung der Scheiben wesentlich verbessert. Die Heckpartie mit der einteiligen Scheibe war ebenfalls neu gestaltet, die als platzsparende Lösung dem Drögmöller-Pullman zu einem vergrößerten Sitzabstand verhalf. Auffallend war hierbei der Übergang der Seitenscheibe in die Heckrundung. Unterhalb der Scheibe saß die Entlüftung für den Motorraum. Einen leichteren Zugang zu allen Teilen im Motorraum ermöglichte die erheblich vergrößerte Motorklappe. Die neuen, großen Heckleuchten waren in die Karosseriebeplankung eingelassen und so vor einer Verschmutzung und vor dem Zerstören bei leichtem Anstoßen geschützt. Auch beim Omnibushersteller Drögmöller wurde das Antiblockiersystem, kurz ABS genannt, auf Kundenwunsch ab 1983 in allen Zwei- und Dreiachsfahrzeugen installiert. 1984 wurde der vorläufig letzte Om-

Drögmöller Luxusliner E 330 H EuroComet 1994.

nibusaufbau auf einer Mercedes-Benz Boden-gruppe produziert. Abgesehen von nur wenigen Ausnahmen verließen nur noch Komplettreise-busse aus eigenem Hause das mittlerweile weiter ausgebaut und modernisierte Omnibus-werk in der Heilbronner Lichtenbergstraße.

1977-1995
Drögmöller Comet-Baureihe 300

Mut zum Design bewies das Heilbronner Om-nibuswerk Drögmöller 1977 mit seiner neue-sten Kreation im Luxusprogramm. Mit dem Co-met E 330 kam ein Reiseomnibus auf den Markt, der die bislang schon typische Drög-möller-Handschrift noch weiter aktualisierte. Beim Comet E 330 war Styling nicht Selbst-zweck, sondern Ausdruck eines technischen Konzeptes, das zu einer futuristisch-dynami-schen Formgebung mit neuen Gestaltungs-möglichkeiten führte. Kern dieses Konzeptes, das sich Drögmöller mit dem Gebrauchsmu-ster-Patent GM 77 09 929 vom 30.03.1977 sicherte, war die mit dem um 2,5° nach hinten ansteigenden Fahrgastboden ebenfalls nach hinten ansteigende Unterkante der Seitenfen-ster. Das keilförmige Erscheinungsbild des Co-

met E 330 wurde durch eine entsprechende Lackierung unterstrichen. Bei 400 mm Höhen-differenz zwischen erster und letzter Sitzreihe wurde der bisher schon im E 320 schräg auf-laufende Fahrgastboden noch etwas extremer ausgelegt. Die neuartige Sitzposition, die dem Fahrgast eine bisher nie gekannte Rundum-sicht bot, wurde als „Theaterbestuhlung" zum künftigen Markenzeichen des Edel-Karossiers. In den achtziger Jahren war die Comet-Typen-familie in allen wichtigen Klassen vertreten, und reichte vom 10,5-Meter-Mini, über den 11,3-Meter Comet bis zum 12-Meter-Flagg-schiff E 330 H EuroComet, ausgelegt für 49 bis 57 Fahrgäste. Die erweiterte Comet-Baurei-he wurde im Bereich der Vorderpartie überar-beitet. Die Neigung der Windschutzscheibe wurde gegenüber den anderen Fahrzeugen um 1,5° vergrößert. Der Fahrsichtwinkel wurde durch eine schmälere Konstruktion der Fenster-säulen erheblich verbessert. Durch die Summe der Veränderungen konnten der Luftwiderstand und die Fahrgeräusche vermindert werden. Für eine verbesserte passive Sicherheit wurden die Fensterholme der Comet-Baureihe im Quer-schnitt um 66% vergrößert. Der ab der IAA 1985 serienmäßig integrierte Überrollbügel im

Heck war äußerlich als deutlich breitere Fenstersäule erkennbar. Mitte der achtziger Jahre waren die „Comet-Fahrzeuge" die meist verkauften Reisebusse bei Drögmöller. Zu den technischen Besonderheiten zählte eine optimierte Fahrgastraumheizung, das als Sonderausstattung erhältliche Unterflur-Frontheizgerät, elektrisch angetriebene Dachluken, der vollelektronische Voith-Retarder und die sicheren Scheibenbremsen an der Vorderachse. Ab 1985 als Sonderausstattung und ab 1990 serienmäßig gab es für die Comet-Familie das elektronische Gaspedal (E-Gas), mit dem Funktionen wie Anfahrsperre, Leerlaufanhebung für Klimabetrieb, Höchstgeschwindigkeitsbegrenzung, Fahrgeschwindigkeitsregelung, Sicherheitsschaltung und Schlüsselstop modifiziert werden konnten. 1988 waren alle Drögmöller-Fahrzeuge serienmäßig mit ABS ausgerüstet (ab 1983 als Sonderausstattung, ab 1990 gesetzlich vorgeschrieben). Ein nicht uninteressanter Nebeneffekt von ABS: Versicherer boten einen Rabatt von 10% auf die Vollkasko-Prämie für alle Fahrzeuge, die mit ABS ausgestattet waren. 1989 wurde die bewährte Heizungsanlage überarbeitet und erhielt eine neue Regelungselektronik, wodurch die Raumtemperatur noch konstanter gehalten werden konnte. Kompakter und in den Abmessungen kleiner, so zeigt sich 1989 das neue Armaturenbrett, wobei das „Drögmöller"-typische Design formal beibehalten wurde. Durch die Neugestaltung des Armaturenbrettes konnte nun auch ein Lenkrad mit 500 mm Durchmesser serienmäßig angeboten werden. Serie ist nun auch ein Automatik-Tachograph. Bei Fahrzeugen mit Tempomat löste ein griffgünstig angeordneter Lenkstockhebel die Drucktastensteuerung ab. Nach nun mehr als 15 Jahren, in denen die Grundzüge der Vorderpartie unverändert blieben, wurde zur IAA 1989 das Erscheinungsbild aller Fahrzeuge geändert. Die Vorderpartie wurde von Grund auf überarbeitet. Die aktive und passive Sicherheit standen im Anforderungskatalog vor der Forderung einer aerodynamisch gestalteten Vorderpartie. Das markante Erscheinungsbild wurde durch drei nebeneinander liegende Scheinwerfer geprägt. Erstmals wurden bei Drögmöller für das Abblendlicht und die Nebelscheinwerfer sogenannte DE-Leuchten eingesetzt. Die Vorteile dieser DE-Scheinwerfer waren eine bessere Ausleuchtung des rechten Fahrbahnrandes – wesentlich heller und weiter, geringere Eigenblendung bei Nebelfahrten. Die Versorgung des Unterflurfrontheizgerätes mit frischer Luft erfolgte durch zwei waagrecht über der vorderen Stoßstange angeordnete Lufteinlassschlitze. Ein stufenlos regelbares Gebläse versorgte Fahrer- und Beifahrerplatz mit der gewünschten Luftmenge. Die bewusst freigehaltene Fläche zwischen Windschutzscheibe und Scheinwerferband bot dem Busunternehmer eine durchgehende Fläche für Eigenwerbung. Zusätzliche Seitenblinkleuchten waren ab 1.1.1992 gesetzlich vorgeschrieben. Ab 1993 neu: Außenspiegel in „Integral"-Ausführung elektrisch heiz- und verstellbar.

1980-1995
Drögmöller Baureihe 400

In der Auslegung mit zwei Achsen war das zulässige Gesamtgewicht der 12-Meter-Omnibusse voll ausgeschöpft. Um weitere Fortschritte im technischen Bereich durchführen zu können und den steigenden Komfortansprüchen gerecht zu werden, entwickelte Drögmöller den E 420 mit drei Achsen und präsentierte ihn als Pilotprojekt der geplanten Baureihe 400 auf dem Pariser Autosalon 1980. Der dreiachsige Superhochdecker führte neun Jahre lang die Luxusomnibusse in der 4-Sterne-Kategorie an. Mit dem E 420 folgte das Heilbronner Unternehmen dem Beispiel von Neoplan und Kässbohrer und bot einen Bus mit Unterflur-Cockpit an. Äußerlich unterschied sich dieser Wagen nur durch die auf 3,65 m angehobene Höhe und die dritte Achse von den übrigen Drögmöller-Typen. Mit dem Bau des E 430 SuperComet und des Doppeldeckers E 440 Mete-

Drögmöller SuperComet E 430 (links) und E 430 U (rechts) 1993.

or zur IAA 1981 wurde die Baureihe 400 vervollständigt. Die Fahrzeugtypen E 420 und E 440 wurden ab der IAA 1985 serienmäßig mit einem elektronischen Gaspedal (E-Gas) ausgeliefert, das ab 1.1.1994 als Geschwindigkeits-Begrenzer für die EU-Vorschrift 100 km/h modifiziert wurde. Die Drögmöller Luxusbusse der Baureihe 400 besaßen zur IAA 1985 erstmals auch die weiter entwickelte Vorderachs-Einzelradaufhängung. Durch eine neu konstruierte Drehlagerwelle, die jeweils den oberen und unteren Querlenker mit dem Federträger verband, konnten pro Achshälfte 14 Befestigungsteile eingespart werden. Die hochwertigen Querlenker, die als Gesenkschmiedeteil mit angeschmiedeten Lagerköpfen hergestellt wurden, ermöglichten mit dem geteilten Lager eine einfache Montage und später auch kürzere Standzeiten für Wartungsarbeiten. Durch diese Neukonstruktion, die auch zum Deutschen Bundespatent angemeldet wurde, konnten somit nicht nur Materialkosten, sondern die viel wichtigeren Montagekosten reduziert und die Lebensdauer verbessert werden. Wie auch der E 330 K wurde der E 440 Mete-

or in Schweizer Ausführung erstmals einem Fachpublikum auf dem Genfer-Automobilsalon im Januar 1986 vorgestellt. Bei den zwei angetriebenen Hinterachsen handelte es sich um zwillingsbereifte Außenplanetenachsen in geräuschoptimierter Ausführung. Serienmäßig war das Hinterachstandem mit einer Differenzialsperre in Längsrichtung ausgerüstet. Als Sonderausstattung war eine Differenzialsperre pro Achse in Querrichtung erhältlich. Als Neuheit war auch das ZF 6-Gang-Getriebe S 6-150 C mit Crawler-Gang in Verbindung mit dem Daimler-Benz Motor OM 422 LA anzusehen. Bisher konnte nur das ZF 8-Gang-Getriebe 4 S 150 GP das hohe Motordrehmoment von 1550 Nm aufnehmen. Ab der IAA 1987 wurden alle Dreiachser serienmäßig mit einer Anfahrhilfe ausgerüstet. Die Anfahrhilfe, auch als Schleppachsentlüftung bekannt, verhinderte ein Durchdrehen der Antriebsräder bei winterlichen Straßenverhältnissen. Hierfür wurden die Luftfederbälge der dritten Achse (Schleppachse) kurzfristig entlüftet, so dass der Raddruck und somit die Traktion der Antriebsachse erhöht wurde. Die elektrische Schaltung der Anfahrhilfe entsprach dem § 34 der StVZO. Das bei den Fahrzeugen E 420, E 430 und E 440 sowie bei allen rechtsgelenkten Fahrzeugen serienmäßige und bei allen anderen Fahrzeugtypen als Sonderausstattung erhältliche E-Gas, wurde ab der IAA 1987 serienmäßig durch eine mechanische Notfahreinrichtung ergänzt. Bei der Notfahreinrichtung handelt es sich um einen fest im Fahrgestell verlegten Bowdenzug; bei Ausfall einer E-Gas-Komponente konnte dieser Bowdenzug innerhalb kürzester Zeit angeschlossen werden. Auch konnte das Bosch ABS in Verbindung mit dem E-Gas um eine Anti-Schlupf-Regelung (ASR) ergänzt werden. Das neue ZF 6-Gang-Getriebe, 6 S 150 C, mit zusätzlichem Crawler, konnte als Sonderausstattung mit der ohne Schaltgestänge (kleiner Schalthebel am Fahrersitz) auskommenden Fernschaltung „Easy Shift" (ES) von ZF ausgerüstet werden. Der Einbau war für alle Fahrzeuge als Sonderausstattung (ca. 1986/87 außer E 440) möglich. Ab Oktober 1988 serienmäßig für E 420, E 430 und E 440. Aber zu dieser Zeit gab es bereits die Automatisierte Vorwähl-Schaltung (AVS) als Weiterentwicklung von Easyshift. Beim E 430 U und E 440 serienmäßig. Ein elektronisches Steuergerät wählte alle Schaltungen automatisch vor, der Fahrer musste nur noch das Kupplungspedal betätigen. War der Fahrer mit dem vorgewählten Gang nicht einverstanden, konnte er jederzeit über einen Tipphebel eine Änderung der vorgewählten Schaltung vornehmen.

Auf der IAA im September 1989 hatte der E 430 U SuperComet Weltpremiere. Der E 430 U SuperComet war der erste Dreiachs-Comet mit Unterflurcockpit. „U" in der Typenbezeichnung stand somit für Unterflurcockpit. Neue Wege ging man bei Drögmöller bei der Klimatisierung des Fahrgastraumes. Der Lufteintritt über der Windschutzscheibe entfiel. Die Frischluft trat im hinteren Teil im Dach in die Dachkanäle ein. Acht stufenlos regelbare Gebläse gewährleisteten eine ausreichende Versorgung sämtlicher Sitzreihen mit Frischluft. Wärmetauscher

sorgten dabei für die richtige Temperierung der Frischluft. Bei Fahrzeugen mit Klimaanlage wurden vier Klimaverdampfer längs in die Luftkanäle eingebaut. Erstmals wurden bei diesem Fahrzeug die Klimaverdampfer im Heckbereich so angeordnet, dass kein Verlust von Stauraum bei den Gepäckablagen auftrat. Die Gepäckablage reichte nun bis zur Heckscheibe. 1989 gehörten Schlösser in der Außenhaut der Außenschwingtüre bei Drögmöller der Vergangenheit an. Durch die serienmäßige Drehsäulenverriegelung bei allen Fahrzeugen wurde die Einbruchsicherheit bedeutend verbessert. Bedient wurde die Drehsäulenverriegelung vom Innenraum des Fahrzeuges aus. Ein kleines Detail mit großer Wirkung war die ebenfalls neu eingeführte Schließanlage mit nur einem Schlüssel für das Fahrzeug. Mit diesem Schlüssel konnte nicht nur der Motor gestartet, sondern auch sämtliche Schlösser am und im Fahrzeug (Motor- und Batterieraumklappe, Handschuhfach, Fahrertürschrank, Kücheneinrichtungen und sonstige verschließbare Stauräume) bedient werden. Weitere technische Besonderheiten waren die auffallend flachen, geklipsten Rammleisten, das neu platzierte Unterflurfrontheizgerät, der um 50 cm verschmälerte Kopfteil der Sitzrücken für eine deutlich verbesserte Sicht, die Fichtel & Sachs Stoßdämpfer mit variabler Dämpfung, die ZF-Hinterachsen Typ A 130 für ein maximales Motordrehmoment bis zu 1600 Nm und bei größeren Drehmomenten die ZF-Achse A 131, die modifizierte Höhenverstellung für ein Anheben um ca. 8 cm und ein Absenken des Fahrzeuges von ca. 10 cm und die neue Heizungs- und Klimasteuerung für ein automatisch geregeltes Raumklima in den Drögmöller-Reisebussen.

Seit 1994
Volvo Omnibus-Baureihe

Mit der Übernahme des Heilbronner Busherstellers Drögmöller machte Volvo 1994 einen weiteren großen Schritt in seiner offensiven Ent-

Ab jetzt Volvo: Der Luxus-Fernreisebus B 12 / 500 von 1994 machte den Anfang.

wicklung auf dem deutschen Markt. Entscheidend war der außerordentlich gute Ruf der qualitativ hochwertigen Luxusreisebusse in Bezug auf Qualität und Erfahrung. Denn die Reisebusse mit der Aufschrift Drögmöller waren schon immer etwas ganz Besonderes. Bereits von weitem erkannte man sie an ihrer charakteristischen Form, an ihrer ansteigenden Fensterlinie, an der nach hinten geneigten Front. Beste Sicht für alle, das war und ist der Hintergrund der Theaterbestuhlung, der nach hinten ansteigenden Sitze. Damit erkannte Drögmöller schon frühzeitig, dass bei Reisebussen die Fahrt ein Teil des Gesamterlebnisses ist. An diesem Konzept hat sich nichts geändert, wenn auch das erste gemeinsame Produkt, der B 12-500 in 3- oder 4-Sterne Ausführung mit besonders hochwertiger Ausstattung noch die Karosserieform des E 325 Europullman mit waagrechter Linienführung besaß. Mit dem B 12-600 als neues Volvo-Flaggschiff im Marktsegment der Luxus-Reisebusse präsentierte sich 1996 ein qualitätsorientiertes Fahrzeug mit einem großserien-bewährten schwedischen Fahrwerk und einer Vielzahl von deutschen Komponenten. Vor allem durch die einmalige Theaterbestuhlung und die Drögmöller-Einzelradaufhängung hob er sich durch Exklu-

sivität deutlich vom Wettbewerb ab. Als erster Reisebus wurde der B 12-600 mit einem neuen Leitsystem ausgerüstet, das sich spezielle Einrichtungen der Funk- und Nachrichtentechnik – das Radio-Data-System RDS, den Verkehrsberichts-Kanal TMC und das sateliten-geführte Navigationssystem GPS – zunutze machte. Es half Staus, Umleitungen, Straßenzustände und Baustellen zu ermitteln und diese gegebenenfalls zu umfahren. In konventioneller Sitzplatzanordnung schloss sich 1997 der B 10-400 Multi als 12-Meter-Bus mit zwischen den Achsen liegendem Motor an, so dass das Heck als Niederflurperron für den Liniendienst ausgeführt werden konnte. Bevor die bisherigen Baureihen im Jahre 2001 durch das vollkommen neu konstruierte Modell Volvo 9900 mit Theaterbestuhlung abgelöst wurde, bestimmten ab 1999 neue EU-Vorschriften den Omnibusbau. So das Brandverhalten von Stoffen und sonstige im Innenraum verwendete Verkleidungs- und Bezugsmaterialien, der Nachweis der Überroll-Steifigkeit (EC R 66) oder die EU-Vorschrift EC R 80, die ab 1996 Sicherheitsgurte in allen Fahrzeugen vorschrieb und ab 1999 Sitzprüfungen in Verbindung mit Zwei- oder Dreipunktgurten einschließlich Anbindung an den Fahrzeugkörper erforderlich machte.

Ford Modell AA

Das Chassis des Ford Modell AA, das es in zwei Fahrgestellmaßen für die unterschiedlichsten Aufbauten gab, wurde für Gotthard Drögmöller im Jahre 1930 zur Plattform für den Einstieg in den Omnibusbau. Sein in Stahlbauweise mit Hartholzgerippe hergestellter Omnibusaufbau für 16 Fahrgäste war so gestaltet, dass das robuste Ford-Fahrgestell wahlweise die Omnibuskarosserie oder eine Ladeeinrichtung aufsatteln konnte. Allerdings waren die Fahrgäste bei dieser Anordnung noch getrennt vom Busfahrer untergebracht, der separat vorne im Ganzstahl-Fahrerhaus seinen Platz hatte. Die im Berliner Betrieb der deutschen Ford-Tochtergesellschaft im Montageverfahren hergestellte Nutzfahrzeugvariante des A-Modells hatte ein längeres und kräftigeres Chassis als der Personenwagen, vor allem stärkere Federn, aber den gleichen Vierzylindermotor mit 3,2 Liter Hubraum und 40 PS: Für dreieinhalb Tonnen Gesamtgewicht keine allzu starke Motorisierung.

Baureihe:	Ford
Modell/Typ:	Modell AA
Bauzeit:	1930
Sitzplätze:	16
Motor:	4-Zyl.-Reihe, Fallstrom-vergaser, Thermosyphon-Wasserkühlung
Hubraum:	3285 ccm
B x H:	98,4 x 108 mm
Leistung:	40 PS (30 kW) bei 2200 U/min
Getriebe:	3 V, 1 R
Bremsen:	mechanische Vierradbremse
Höchstgeschw.:	ca. 50 km/h
Leergewicht:	ca. 2000 kg
zul. Gesamtgew.:	3500 kg
Reifen v/h:	6,00 x 20 / hinten Zwilling
Spurweite v/h:	1405 / 1422 mm
Radstand:	3988 mm
L x B x H:	5678 x 1899 x 2350 mm
Kraftstofftank:	38 Liter

Mercedes-Benz Lo 2000

War beim ersten Drögmöller-Omnibusaufbau von 1930 das Führerhaus noch vom Fahrgastraum getrennt, so setzte Drögmöller auf das Mercedes-Benz Fahrgestell Lo 2000 von 1932 einen mit Stahlblech beplankten Holzgerippe-Omnibusaufbau, in dem der Fahrerplatz innerhalb angeordnet war. Speziell für den Liniendienst erhielt das Tonnendach des Zweiachsers einen in der Stirnfront über der geteilten Windschutzscheibe eingebauten Kasten für die Zielort-Anzeige. Angetrieben wurde der für 22 Fahrgäste ausgelegte Drögmöller-Omnibus von dem zwischenzeitlich zur Serienreife gebrachten Daimler-Benz-Vierzylinder-Dieselmotor OM 59 mit 3,8 Liter Hubraum und 55 PS Leistung. Ein großer Mercedes-Stern mit integriertem Diesel-Schriftzug im Kühlergrill wurde nun zum sichtbares Zeichen für alle Fahrzeuge aus dem Hause Daimler-Benz, die mit einem Selbstzünder motorisiert waren.

Baureihe:	Mercedes-Benz
Modell/Typ:	Lo 2000
Bauzeit:	1932
Sitzplätze:	22
Motor:	4-Zyl.-Reihe, Vorkammer-Diesel, DB OM 59, Bosch-Einspritzung, Wasserkühlung
Hubraum:	3770 ccm
B x H:	100 x 120 mm
Leistung:	55 PS (40 kW) bei 2000 U/min
Getriebe:	4-Gang Zahnradschubgetriebe
Bremsen:	hydr. Vierrad-Trommelbremsen
Höchstgeschw.:	65 km/h
Leergewicht:	ca. 3600 kg
zul. Gesamtgew.:	6300 kg
Reifen v/h:	6,00 – 20 / hinten Zwilling
Spurweite v/h:	1645 / 1635 mm
Radstand:	3800 mm
L x B x H:	6225 x 2140 x 2300 mm

Magirus-Deutz M 20

Auf das mit 2000 kg Nutzlast ausgelegte Fahrgestell M 20, das seit Beginn der 30er-Jahre als kleinstes Modell im Omnibusfahrgestell-Programm des Ulmer Magirus Werkes angeboten wurde, setzte Drögmöller diesen stromlinienorientierten Omnibusaufbau. Der 20-sitzige Drögmöller-Aussichtswagen war vor allem für Vereinsausflüge gedacht und besaß große Seitenfenster, schräg angeordnete, geteilte Heck- und Windschutzscheibe, die moderne Dachrandverglasung und ein großes Faltschiebedach auf ganzer Fahrzeuglänge. Bequeme Ledersitze mit Haltegriffen und Innenverschalung der Seitenwände mit Kunststoffplatten ergänzten die komfortable Innenausstattung. Der Vierzylinder-Vorkammer-Diesel mit einer Leistung von 45 PS war vorne mit einer Dreipunktaufhängung in das geschweißte Niederrahmen-Fahrgestell mit Halbelliptik-Blattfedern und hinterer Banjoachse eingebaut. Die Heizung erfolgte über Wärmetauscher in der Auspuffanlage.

Baureihe:	Magirus-Deutz
Modell/Typ:	M 20
Bauzeit:	1935
Sitzplätze:	20
Motor:	4-Zyl.-Vorkammer-Diesel, V 88 R, Einspritzer, Wasserkühlung
Hubraum:	3040 ccm
B x H:	88 x 125 mm
Leistung:	45 PS (33 kW) bei 2200 U/min
Getriebe:	4-Gang, ZF-Getriebe
Bremsen:	Trommelbremsen
Höchstgeschw.:	60 km/h
Leergewicht:	ca. 2190 kg
zul. Gesamtgew.:	4890 kg
Reifen v/h:	6,00 x 20 / hinten Zwilling
Spurweite v/h:	1610 / 1518 mm
Radstand:	3800 mm
L x B x H:	6820 x 2300 x 2600 mm
Kraftstofftank:	44 Liter

Mercedes-Benz Lo 3750

Für die Großraum-Omnibusse wurden Mitte der 30er-Jahre spezielle Niederrahmenchassis mit gekröpfter Hinterachse eingesetzt, und neue Karosserien in Stromlinienform übertrugen sich auch auf den Omnibusbau. Die Heilbronner Karosseriebauer hielten mit und setzten auf das Universal-Fahrgestell des Mercedes-Benz O 3750 einen Omnibusaufbau mit einem Stahlblech beplankten Holzgeripppe, sowie mit seitlicher Dachrandverglasung als Allwetter-Aussichtswagen für den Reiseverkehr. Dank der hinteren Doppelbereifung und einem Gesamtgewicht von nahezu 10 Tonnen gab es Platz für 35 Fahrgäste (ohne Fahrer), die auf Leder-Doppelstühlen mit Haltegriffen, verteilt auf sieben Sitzreihen und einer fünfsitzigen, fest im Fond einbebauten Sitzbank, komfortabel untergebracht waren. Zur Ergänzung des geschlossenen und besser geschützten Gepäckraumes hinter der Fondsitzbank, der durch eine verschließbare Doppeltür in der Rückwand zugänglich war, stattete Drögmöller

Baureihe:	Mercedes-Benz
Modell/Typ:	Lo 3750
Bauzeit:	1935
Sitzplätze:	35
Motor:	6-Zyl.-Reihe, Vorkammer-Diesel, DB OM 67, Bosch-Einspritzung, Wasserkühlung
Hubraum:	7274 ccm
B x H:	105 x 140 mm
Leistung:	100 PS (74 kW) bei 2000 U/min
Getriebe:	4-Gang
Bremsen:	hydr. Trommel, Knorr-Druckluft
Höchstgeschw.:	75 km/h
Leergewicht:	ca. 6500 kg
zul. Gesamtgew.:	9300 kg
Reifen v/h:	9,00 - 20 / hinten Zwilling
Spurweite v/h:	1875 / 1760 mm
Radstand:	5500 mm
L x B x H:	8700-9500 x 2500 x 2600 mm

den Aussichtwagen zusätzlich mit einem Gepäckträger auf dem Wagendach aus.

Opel Blitz 3-Tonner

Je nach Kundenwunsch bot die Heilbronner Karosseriebau-Firma G. Drögmöller auf dem Dreitonnen-Niederrahmen-Fahrgestell des neuen Opel-Blitz-Omnibusses mit dem auf 75 PS gesteigerten wassergekühlten Sechszylinder und Fallstromvergaser unterschiedlich gestaltete Aufbauten an. Bei sicherer Bodenfreiheit schaffte der wuchtige, durchgekröpfte Tiefrahmen für Omnibusaufbauten bequeme Einstiegmöglichkeiten und eine tiefe Schwerpunktlage des gesamten Fahrzeugs. Das Niederrahmen-Fahrgestell besaß eine vordere Starrachse mit Halbelliptikfedern (10 Blätter) und war hinten mit einer Banjoachse ausgestattet. Entsprechend dem Zeitgeschmack der 30er-Jahre zeichnete sich der für 28 bis 30 Sitzplätze ausgelegte Drögmöller-Aufbau durch eine komfortable Innenausstattung mit Ledersitzen, durch eine geteilte, schräg angeordnete Windschutzscheibe, Dachrandverglasung und große Seitenfenster aus.

Baureihe:	Opel
Modell/Typ:	Opel Blitz 3-Tonner
Bauzeit:	1936
Sitzplätze:	28-30
Motor:	6-Zyl.-Viertakt-Reihenmotor Opel Typ 3,6 l, Wasserkühlung
Hubraum:	3626 ccm
B x H:	90 x 95 mm
Leistung:	75 PS (55 kW) bei 3200 U/min
Getriebe:	5-Gang, Mittelschaltung
Bremsen:	hydr. Vierradbremse
Höchstgeschw.:	80 km/h
Leergewicht:	ca. 3400 kg
zul. Gesamtgew.:	6000 kg
Reifen v/h:	190 x 20 / hinten Zwilling
Radstand:	4650 mm
Spurweite v/h:	1542 / 1620 mm
L x B x H:	7500 x 2300 x 2600 mm
Kraftstofftank:	82 Liter
Anmerkungen:	Kaufpreis 4900 RM (Fahrgestell)

Mercedes-Benz O 1500

Auf das Fahrgestell des Mercedes-Benz O 1500 mit seinem 45-PS-Vierzylinder-Vorkammer-Dieselmotor OM 138 entwarf Drögmöller einen Karosserieaufbau, der den kleinen Klub-Omnibus für den Ausflugs- und Zubringerdienst zum Allwetter-Aussichtswagen machte. Die für 13 Fahrgäste ausgelegte Drögmöller-Karosserie wirkte luftig, bot gute Sicht nach allen Seiten dank großer Seitenfenster und trug eine geteilte Windschutzscheibe. Auch diesem O 1500-Kleinbus brachte die Notsituation des Zweiten Weltkrieges die Umstellung von Diesel- auf Treibgasbetrieb. Der Sechszylinder-Motor wurde dabei auf Vergaserbetrieb umgestellt. Wegen des zusätzlich im Heck eingebauten Flüssiggas-Generators erhöhte sich das Leergewicht auf 2530 kg.

Baureihe:	Mercedes-Benz
Modell/Typ:	O 1500
Bauzeit:	1936-1939
Sitzplätze:	13
Motor:	4-Zyl.-Reihe, Vorkammer-Diesel, DB OM 138, Bosch-Einspritzung, Wasserkühlung
Hubraum:	2545 ccm
B x H:	90 x 100 mm
Leistung:	5 PS (33 kW) bei 2200 U/min
Getriebe:	4-Gang-Getriebe
Bremsen:	hydr. Trommelbremsen (Teves)
Höchstgeschw.:	72 km/h
Leergewicht:	2320 kg (2530 kg)
zul. Gesamtgew.:	3350 kg
Reifen v/h:	5,50 x 18 / hinten Zwilling
Radstand:	3500 mm
L x B x H:	5780 x 2040 x 2200 mm
Kofferraum:	1,05 m³ (4090x1850x 1400 mm)
Anmerkungen:	Kaufpreis 9707 Mark

Mercedes-Benz OP 3750

Die Fahrgestellbasis des neuen, modern anmutenden Mercedes-Benz-Frontlenkerbusses OP 3750 nutzten die Heilbronner Karosseriewerke Drögmöller 1936 für einen von Daimler-Benz vermittelten Exportauftrag nach Britisch-Nigeria: Speziell für den Einsatz als öffentliches Verkehrsmittel auf der Strecke Lagos-Yaba entwarf Drögmöller einen Frontlenker-Omnibusaufbau für 40 Fahrgäste, der wegen seiner neuartigen Motoranordnung als Trambus bezeichnet wurde. Bei dieser Frontlenkertechnik wurde der stehende, 100 PS starke 7,3-Liter-Sechszylinder-Dieselmotor von Daimler-Benz vorne in den Wagenkasten einbezogen und unter einer großen Haube vorn neben dem Fahrer platziert. Der mit Stahlblech beplankte Holzgerippeaufbau war auf die klimatischen Verhältnisse in Afrika abgestimmt: Anstelle von Türen waren der vordere und hintere Aus- und Einstieg lediglich mit einer Sperrkette versehen. Die Innenwände, wie auch die Sitze bestanden aus mit Kunstleder überzogenen Sperrholzplatten.

Baureihe:	Mercedes-Benz
Modell/Typ:	OP 3750 Trambus
Bauzeit:	1936
Sitzplätze:	40
Motor:	6-Zyl.-Reihe, Vorkammer-Diesel, DB OM 67, Bosch-Einspritzung, Wasserkühlung
Hubraum:	7278 ccm
B x H:	105 x 140 mm
Leistung:	100 PS (74 kW) bei 2000 U/min
Getriebe:	5-Gang, ZF-Aphon ZG 45
Bremsen:	Trommel, Öldruck, Druckluft
Höchstgeschw.:	80 km/h
Leergewicht:	ca. 6380 kg
zul. Gesamtgew.:	8500 kg
Reifen v/h:	9,75 - 20 / hinten Zwilling
Spurweite v/h:	1875 / 1800 mm
Radstand:	5000 mm
L x B x H:	9050 x 2500 x 2780 mm

MAN LPS Frontlenker

Mitte der 30er-Jahre begann sich der Omnibusbau auf die moderne Frontlenkertechnik
einzustellen. Fast jeder Hersteller zog mit, auch
MAN, obwohl diese Bautechnik höhere Herstel-
lungskosten und eine schwierigere Wartung
des Motors mit sich brachte. Als 1938 der
Trend im Stadtverkehr zum Einmannbetrieb
ging, brachte MAN den zukunftsweisenden
Stirnsitzwagen LPS heraus. Das Heilbronner
Karosseriewerk Drögmöller entwickelte darauf-
hin für dieses MAN-Frontlenker-Chassis einen
Trambus-Aufbau, bei dem die gesamte Fahrzeuglänge voll dem Fahrgastraum zugute
kam. Mit Platz für 42 Fahrgäste wurde er im
Stadtverkehr der Gemeinde Esthal eingesetzt.
Das Besondere war die Anordnung des Motors,
der direkt neben dem Fahrer ganz vorne in der
Wagenmitte unter einer großen Haube platziert
werden konnte. Allerdings erreichten die Frontlenker nur geringe Stückzahlen, die meisten
Kunden entschieden sich doch für das Altbe-
währte – den Haubenwagen.

Baureihe:	MAN
Modell/Typ:	LPS Frontlenker
Bauzeit:	1938
Sitzplätze:	42
Motor:	6-Zyl.- Diesel, MAN Typ D 1040 Bosch-Einspritzung, Wasserkühlung
Hubraum:	7980 ccm
B x H:	110 x 140 mm
Leistung:	100 PS (73 kW) bei 2000 U/min
Getriebe:	5-Gang-Getriebe
Bremsen:	hydr. Trommelbremsen
Höchstgeschw.:	73 km/h
Leergewicht:	ca. 5600 kg
zul. Gesamtgew.:	8900 kg
Reifen v/h:	9,75 - 20 / hinten Zwilling
Spurweite v/h:	1880 / 1790 mm
Radstand:	4500 mm
L x B x H:	8600 x 2350 x 2650 mm

Mercedes-Benz
O 3750

Mitte der dreißiger Jahre veränderte die „Stromlinienform" das Gesicht der Automobile von Grund auf. Weltweit setzten sich abgerundete Formen mit Kotflügelschürzen, schräg angeordnete Windschutzscheiben und Scheinwerfer in den Kotflügeln durch. Der Heilbronner Betrieb „Karosseriebau G. Drögmöller" übertrug die neue Karosserielinie dank der neuen Blechverformungstechnik auch auf seinen eigenen Omnibusaufbau und spezialisierte sich ab 1935 darauf. So entstanden komfortabel ausgestattete, spezielle Reise- und Ausflugswagen mit bequemen Ledersitzen, mit großen Seitenscheiben und Dachrand-Verglasung sowie mit einem Faltschiebedach auf ganzer Dachlänge. Während sich im Stromlinien-Heck der Kofferraum befand, saß vorne unter der gewaltigen Motorhaube im Stil der Mercedes-Automobile der Sechszylinder-Vorkammer-Diesel OM 67/3, der eine Leistung von 100 PS auf die Hinterachse abgab.

Baureihe:	Mercedes-Benz
Modell/Typ:	O 3750
Bauzeit:	1937-1941
Sitzplätze:	43
Motor:	6-Zyl.-Reihe, Vorkammer-Diesel, DB OM 67/3, Bosch-Einspritzung, Wasserkühlung
Hubraum:	7270 ccm
B x H:	105 x 140 mm
Leistung:	100 PS (74 kW) bei 2000 U/min
Getriebe:	4-Gang + Schnellgang
Bremsen:	hydr. Trommel, Knorr-Druckluft-Servohilfe
Höchstgeschw.:	85 km/h
Leergewicht:	ca. 6500 kg
zul. Gesamtgew.:	9300 kg
Reifen v/h:	9,00-20 extra / hinten Zwilling
Spurweite v/h:	1837 / 1690 mm
Radstand:	5500 mm
L x B x H:	8700-9500 x 2500 x 2600 mm

Phänomen Granit 25

Als Drögmöller gleich nach dem Krieg, 1947, wieder die Omnibusproduktion aufnehmen konnte, standen dem Heilbronner Karosseriewerk für seine Karosserieaufbauten aus Mangel an Neufahrzeugen nur gebrauchte Fahrgestelle zu Verfügung, die den Krieg überstanden hatten. Seine große Erfahrung im Bau von Omnibusaufbauten in Stromlinienform übertrug Drögmöller 1949 auf das Chassis des im sächsischen Zittau gebauten Vorkriegs-Phänomen Granit 25 mit einem Frontlenker-Omnibusaufbau, das sich durch seinen luftgekühlten Vierzylinder-Vergasermotor hierfür besonders anbot. Bei diesem Aufbau hatte Drögmöller bereits das Gerippe von Hartholz auf Ganzstahlbauweise umgestellt. Der Frontlenker-Omnibus für 33 Fahrgäste besaß große Seitenfenster und einen hinter der Vorderachse angeordneten vorderen Einstieg, der hintere Einstieg befand sich dank des großen Überhanges hinter der Hinterachse.

Baureihe:	Phänomen
Modell/Typ:	Granit 25
Bauzeit:	1949
Sitzplätze:	33 + Mittelgang-Notsitze
Motor:	4-Zyl.-Reihe, Vergasermotor, Phänomen 30, Luftkühlung
Hubraum:	3054 ccm
B x H:	90 x 120 mm
Leistung:	56 PS (41 kW) bei 2800 U/min
Getriebe:	5 -Gang-Getriebe
Bremsen:	Trommelbremsen
Höchstgeschw.:	ca. 70 km/h
Leergewicht:	ca. 3450 kg
zul. Gesamtgew.:	8000 kg
Reifen v/h:	9,75 - 20 / hinten Zwilling
Radstand:	4500 mm
L x B x H:	8200 x 2400 x 2650 mm
Überhang v/h:	1300 / 2400 mm
Kofferraum:	ca. 2,0 m³
Kraftstofftank:	ca. 70 Liter
Anmerkungen:	Stückzahl 1 Exemplar

Magirus-Deutz O 3000

Unter der alten Bezeichnung O 3000 des ehemaligen Kriegstyps lief beim Ulmer Magirus-Werk der Klöckner-Humbold-Deutz AG 1948 wieder die Omnibus-Produktion an. Das auf einem vom Lkw abgeleitete Fahrgestell bildete 1949 für Drögmöller die Basis für einen eigenen, 30-sitzigen Omnibusaufbau mit planer, geteilter Windschutzscheibe und Eckradien sowie der beliebten Dachrand-Verglasung. Der als sehr zuverlässig und leistungsstark geltende, luftgekühlte Vierzylinder-Dieselmotor aus der zum KHD-Konzern gehörenden Motorenfabrik besaß Einzelzylinder und –köpfe, einen birnenförmigen Brennraum und arbeitete nach dem Deutz-L`Orange-Wirbelkammerverfahren. Zusammen mit dem ZF-Fünfganggetriebe war das luftgekühlte 75-PS-Triebwerk, dessen Ölkühler im Kühlstrom des Axial-Luftgebläses saß, gut für eine Höchstgeschwindigkeit von 85 km/h.

Baureihe:	Magirus-Deutz
Modell/Typ:	O 3000
Bauzeit:	1949-1951
Sitzplätze:	30 + Mittelgang-Notsitze
Motor:	4-Zyl.-Wirbelkammer-Diesel, Deutz F 4 L 514, Luftkühlung
Hubraum:	5322 ccm
B x H:	110 x 140 mm
Leistung:	75 PS (55 kW) bei 2250 U/min
Getriebe:	5-Gang-ZF-Getriebe FAKS 40
Bremsen:	4-Rad-Innenbacken, Öldruck
Höchstgeschw.:	ca. 85 km/h
Leergewicht:	ca. 4650 kg
zul. Gesamtgew.:	7200 kg
Reifen v/h:	7,50 – 20 / hinten Zwilling
Spurweite v/h:	1570 / 1560 mm
Radstand:	4900 mm
L x B x H:	7980 x 2350 x 2980 mm
Kraftstofftank:	70 Liter
Anmerkungen:	Stückzahl 10 Exemplare

Magirus-Deutz O 3500 / O 3500 H

Baureihe:	Magirus-Deutz
Modell/Typ:	O 3500
Bauzeit:	1949-1956
Sitzplätze:	35 + Mittelgang-Notsitze
Motor:	4-Zyl.-Wirbelkammer-Diesel, Deutz F 4 L 514 O, Luftkühlung
Hubraum:	5322 ccm
B x H:	110 x 140 mm
Leistung:	90 PS (66 kW) bei 2300 U/min
Getriebe:	5-Gang-ZF-Getriebe AK 5-33
Bremsen:	Öldruck-Vierrad, Druckluft
Höchstgeschw.:	ca. 85-90 km/h
Leergewicht:	ca. 5600 kg
zul. Gesamtgew.:	8400 kg
Reifen v/h:	8,25 – 20 / hinten Zwilling
Spurweite v/h:	1800 / 1615 mm
Radstand:	5150 mm
L x B x H:	9125 x 2400 x 2725 mm
Kraftstofftank:	70 Liter
Anmerkungen:	O 3500 H: 8 Exemplare; O 3500: 13 Einheiten

Als im Jahre 1949 der Magirus-Deutz Omnibus O 3500 in moderner, gefälliger Form als erste neue Nachkriegsbaureihe den kantigen O 3000 ablöste, bildete seine Bodengruppe auch für Drögmöller die Basis für einen eigenen Omnibus-Aufbau. Bis Anfang der 50er-Jahre war beim „Schnauzenwagen" die Motorhaube mit dem markanten Magirus-Emblem im Kühlergrill in gleicher, einfacher Bauart wie auch im Lastwagenbau ausgeführt. Rechtzeitig zur ersten Nachkriegs-IAA 1951 in Frankfurt erhielten die O 3500-Omnibusse eine exklusive Alligator-Haube, die nicht nur besser aussah, sondern auch den Einbau des neu entwickelten, luftgekühlten 8-Liter-V6 Dieselmotors mit 130 PS erlaubte, der alternativ zum Vierzylinder-Reihenmotor angeboten wurde. Abgeleitet vom O 3500 „Schnauzenwagen" entstand zwei Jahre später die Heckmotor-Version O 3500 H „Frontlenker" mit luftgekühltem 130-PS-V6-Diesel und mit Drögmöller-patentiertem Ansaug-Schacht in Plexiglas.

Mercedes-Benz O 3500

Als die erste Omnibus-Nachkriegskonstruktion, der O 3500, von Daimler-Benz 1950 in Serie ging, griff auch das Heilbronner Karosseriewerk zu und setzte auf dieses Chassis einen eigenen Omnibus-Aufbau in verschiedenen Ausführungen. So gab es Varianten mit unterschiedlichen Windschutzscheiben, mit Dachrand-Verglasung sowie mit Kuppelscheiben vorn und hinten. Ein Faltschiebedach auf ganzer Dachlänge machte den Drögmöller-Aufbau zum Allwetter-Aussichtswagen. Die Ganzstahlkarosserie bestand aus einem verschweißten Geripppe mit aufgeschweißten Stahlblechteilen. Unter der Motorhaube mit der auf Kundenwunsch verchromten Kühlermaske im typischen Mercedes-Stil saß der neue Sechszylinder-Vorkammer-Dieselmotor OM 312 mit 90 PS. Von 1953-55 auch in so genannter „Frontlenker"-Ausführung lieferbar. Fahrzeugbreite auch 2300 mm.

Baureihe:	Mercedes-Benz
Modell/Typ:	O 3500
Bauzeit:	1950-1955
Sitzplätze/-reihen:	37 / 9
Motor:	6-Zyl.-Reihe, Vorkammer-Diesel, DB OM 312, Bosch-Einspritzung, Wasserkühlung
Hubraum:	4580 ccm
B x H:	90 x 120 mm
Leistung:	90 PS (66 kW) bei 2800 U/min
Getriebe:	5-Gang, mech. Stufengetriebe
Bremsen:	hydr. Trommel, Öldruck
Höchstgeschw.:	82 km/h
Leergewicht:	ca. 5300 kg
zul. Gesamtgew.:	8250 kg
Reifen v/h:	8,25 - 20 / hinten Zwilling
Radstand:	4830 mm
L x B x H:	8630 x 2420/2300 x 3020 mm
Überhang v/h:	1300 / 2500 mm
Kofferraum:	2 m³
Kraftstofftank:	110 Liter
Anmerkungen:	Stückzahl: 28 Exemplare, davon 12 Ex. als „Frontlenker"

MAN MKN 26

In den ersten Nachkriegsjahren brachten neben Daimler-Benz auch andere Fahrzeughersteller ebenfalls geeignete Fahrgestelle auf den Markt, die Drögmöller mit Omnibusaufbauten versah. Dazu gehörte auch MAN, die 1950 den Omnibus-Typ MKN 26 auf den Markt brachte. Sein Fahrgestell in Niederrahmenbauweise zeichnete sich durch eine tiefe Schwerpunktlage und damit eine hervorragende Straßenlage aus. Den bis zu 49-sitzigen Reisebus gab es in Haubenausführung mit der klassischen, kantigen Motorhaube und Kühlermaske oder mit der wuchtigen Rundhaube im amerikanischen Alligatorenstil mit reichlicher Chromverzierung. Der Drögmöller-Aufbau, der bei voll genutztem Innenraum eine Sitzreihe mehr aufwies als die Original-MAN-Karosserie, zeichnete sich auch durch das über die ganze Dachlänge geführte Faltschiebdach und durch die Dachrand-Verglasung aus. Der 8,7-Liter-Sechszylinder-Motor mit 130 PS war vorn eingebaut und übertrug die Kraft über ein Sechsgang-Getriebe auf die Hinterachse des bis zu 90 km/h schnellen Busses.

Baureihe:	MAN
Modell/Typ:	MKN 26
Bauzeit:	1950-1953
Sitzplätze:	45-49 + Mittelgang-Notsitze
Motor:	6-Zyl.-Reihe, Diesel, D 1040 G2 Einspritzung, Wasserkühlung
Hubraum:	8725 ccm
B x H:	110 x 140 mm
Leistung:	130 PS (95 kW) bei 2000 U/min
Getriebe:	6-Gang-Allklauengetriebe
Bremsen:	Trommel, Druckluft
Höchstgeschw.:	ca. 90 km/h
Leergewicht:	ca. 7900 kg
zul. Gesamtgew.:	11.800 kg
Reifen v/h:	10,00 - 20 / hinten Zwilling
Spurweite v/h:	1875 / 1726 mm
Radstand:	5800 mm
L x B x H:	9850 x 2400 x 3000 mm
Anmerkungen:	Stückzahl 5 Exemplare

Opel Blitz 1,5-Tonner

Im Zuge des Wiederaufbaus versorgte Opel 1950 auch das Karosseriewerk Drögmöller mit dem kleinen 1,5-Tonnen-Lkw-Fahrgestell samt 55 PS starkem „Kapitän"-Motor mit 2,5 Liter Hubraum. Von der Opel-Kapitän-Limousine erhielt der Kleinbus auch dessen bemerkenswert moderne, amerikanische Züge, dies vor allem wegen seiner Nasenbug-Motorhaube und der in die Kotflügel eingesetzten Scheinwerfer. Die 15-sitzige Drögmöller-Karosserie besaß eine plane, geteilte Windschutzscheibe, Dachrand-Verglasung mit Kuppelscheiben und ein Faltschiebedach. Bemerkenswert war die Gestaltung der Fenster, die im unteren Bereich keine Eckradien aufwiesen, eine damals immer wieder praktizierte Stilistik. 1952 löste der neue Opel 1,75-Tonner mit der modernen Alligatorhaube und mit viel Chromschmuck den noch aus der Vorkriegszeit stammenden 1,5-Tonner ab. Von dem für 17 Fahrgäste ausgelegten 1,75-Tonner mit einem Radstand von 3800 mm, stellte Drögmöller sieben Omnibusaufbauten her, von dem Opel Blitz 1,5-Tonner waren es fünf Exemplare.

Baureihe:	Opel
Modell/Typ:	Opel Blitz 1,5-Tonner
Bauzeit:	1950-1951
Sitzplätze:	13-15 + Mittelgang-Notsitze
Motor:	6-Zyl. Reihe, 4-Takt, Vergaser, Wasserkühlung
Hubraum:	2473 ccm
B x H:	80 x 82 mm
Leistung:	55 PS (40 kW) bei 3500 U/min
Getriebe:	4-Gang-Schieberadgetriebe
Bremsen:	hydr. Vierradbremse
Höchstgeschw.:	ca. 85 km/h
Leergewicht:	ca. 2300-2350 kg
zul. Gesamtgew.:	3400 kg
Reifen v/h:	6,00 x 18 / hinten Zwilling
Radstand:	3250 mm
Spurweite v/h:	1352 / 1420 mm
L x B x H:	5410 x 1995 x 2650 mm
Kraftstofftank:	57 Liter
Anmerkungen:	auch als Opel 1,9-to (1 Ex.) und als Opel 3,6-to (2 Ex.)

Drögmöller Anhänger

Baureihe:	Aufbauten
Modell/Typ:	Omnibus-Anhänger
Bauzeit:	1950-1955
Sitz-/Stehplätze:	21-28 / 46 + Schaffnerplatz
Fahrgestell:	U-Rahmen
Bremsen:	Trommel, Bosch-Druckluft
zul. Gesamtgew.:	9500-10200 kg
Reifen :	9,00-20
Radstand:	5800 mm
L x B x H:	8900-9700 x 2450 x 2800 mm
Anmerkungen:	Stückzahl 10 Exemplare

In den ersten Nachkriegsjahren spielte der öffentliche Verkehr, vor allem in den Städten, eine wichtige Rolle. Zur besseren Auslastung des Personenaufkommens vor allem in den Stoßzeiten entstanden auch bei Drögmöller in Heilbronn für den Obus-Triebwagen- und Omnibusbetrieb spezielle Anhänger mit Platz für insgesamt 46 Personen. So auch für die Stadt Heilbronn, wo drei Obus-Anhänger von 1951 bis 1961 im Einsatz waren. Neben eigenen U-Rahmen-Fahrgestellen (3 Ex.) verwendete Drögmöller auch solche von den Herstellern Schenk (5 Ex.) und Schneider (2 Ex.). Der Anhänger-Karosserieaufbau war in Form und Optik dem Omnibus bzw. Triebwagen angepasst und besaß ebenfalls auf der rechten Seite sowohl für den Einstieg am Heck, als auch für den Ausstieg in der Wagenmitte, jeweils eine elektro-pneumatisch betätigte Kiekert-Doppel-Falttür mit einer lichten Weite von 1200 mm. Ab Mitte 1960 war der Einsatz von solchen Anhängern nicht mehr zulässig. Vorhandene Fahrzeuge wurden mit Ausnahme-Genehmigung in einer Übergangszeit noch benutzt.

Henschel
HS II / 6500

Speziell für den Einsatz im öffentlichen Verkehr der Stadt Heilbronn entwarf und baute Drögmöller 1951 auf dem Fahrwerk des bewährten Henschel Typ HS II-6500 einen Obus-Karosserieaufbau für 34 Sitzplätze (Durofol-Sperrholzsitze) und 43 Stehplätze. Der zweiachsige Obus besaß ein Tonnendach mit einem in der Stirnfront über der geteilten Windschutzscheibe eingebauten Kasten für die kombinierte Linien- und Zielanzeige. Alle Seitenfenster hatten ein darüber liegendes, schmales Lüftungsfenster. Die Kiekert Doppel-Falttüren mit lichter Weite von 1200 mm wurden elektro-pneumatisch betätigt. Der Obus wurde von einem eigenbelüfteten Siemens-Schuckert (SSW)-Doppelkollektormotor als Unterflurmotor in Wagenmitte angetrieben und leistete 87–110 kW. Seine Energie bezog er über zwei SSW-Stangenstromabnehmer von dem fest installierten Obus-Fahrleitungsstromnetz, das ihm gleichzeitig auch seinen Fahrweg vorgab. Bei Ausfall der Oberleitungsstromversorgung war es mit Hilfe einer einfachen Schaltvorrichtung möglich, auf Batterie-Stromversorgung umzuschalten. Zumindest kürzere Wegstrecken ließen sich auf diese Weise zurücklegen.

Baureihe:	Henschel
Modell/Typ:	Obus-Triebwagen HS II/6500
Bauzeit:	1951
Sitz-/Stehplätze:	34 / 43; gesamt 77
Motor:	SSW Elektromotor D 602 e
Leistung:	87-110 kW bei 1430-1800 U/min
Netzspannung:	600-750 Volt
Bremsen:	Trommel, Bosch-Druckluft
Höchstgeschw.:	50 km/h
Leergewicht:	ca. 9500 kg
zul. Gesamtgew.:	14.500 kg
Reifen v/h:	9,00-20 / 10,00-20 Zwilling
Radstand:	5200 mm
L x B x H:	10.800 x 2550 x 3360 mm
Anmerkungen:	Stückzahl 3 Exemplare

Büssing 5000 TU

Auch für das Fahrgestell des Büssing 5000 TU mit U-Rahmen und Querverbindungen, das als erstes Großserien-Nutzfahrzeug der Nachkriegsproduktion von einem hinter der Vorderachse rechts angebrachten Unterflur-Sechszylinder-Diesel von 135 PS angetrieben wurde, konstruierte Drögmöller 1951 einen formschönen Frontlenker-Aufbau für den Reiseverkehr. Viel Chrom zierte jetzt die Vorderfront durch eine breite Zierspange („Büssing-Spange") und wuchtiger Stoßstange, versehen mit drei gummibestückten Zierleisten. Die Vorteile der Unterflurtechnik, wie z.B. eine tiefere Schwerpunktlage mit günstigeren Fahreigenschaften, oder eine gleichmäßigere Gewichtsverteilung bei leerem wie auch bei belastetem Fahrzeug und vor allem eine volle Ausnutzung des Fahrgastraums, kamen dem Drögmöller-Karosserieaufbau voll entgegen. So ließen sich die Lärm- und Geruchsbelästigungen im Innenraum auf ein Minimum reduzieren und der durch die Konzeption des Unterflurmotors bedingte höhere Wagenboden trug zur Vergrößerung des Kofferraums bei.

Baureihe:	Büssing
Modell/Typ:	5000 TU
Bauzeit:	1951-1953
Sitzplätze/-reihen:	37-49 / 10
Motor:	6-Zyl.-Reihen-Diesel, Büssing U 9 Unterflur, Wasserkühlung
Hubraum:	8750 ccm
B x H:	115 x 140 mm
Leistung:	135 PS (99 kW) bei 2000 U/min
Getriebe:	5-Gang, Stirnrädergetriebe
Bremsen:	Druckluft-Öldruck-Vierradbremse
Höchstgeschw.:	84 km/h
Leergewicht:	ca. 8300 kg
zul. Gesamtgew.:	12.000 kg
Reifen v/h:	11,00 - 20 / hinten Zwilling
Radstand:	5250 mm
L x B x H:	10.210 x 2455 x 2850 mm
Überhang v/h:	1695 / 2600 mm
Kraftstofftank:	200 Liter
Anmerkungen:	Stückzahl 2 Exemplare

Büssing 4500 T

Der weiter entwickelte Omnibus mit langlebigem und leistungsstarkem Dieselmotor für den Einsatz im öffentlichen Linienverkehr war bereits Mitte der 50er Jahre wesentlich flexibler und freizügiger einsetzbar, als der an das Strom-Oberleitungsnetz gebundene Obus. Speziell für den Einsatz bei den städtischen Verkehrs-Betrieben der Stadt Heilbronn, die 1955 mit insgesamt zwölf Büssing 4500 T Linienbussen eine erste Umstrukturierung einleiteten, erhielt auch der örtliche Karosseriehersteller Drögmöller den Zuschlag zum Bau von drei Linienbus-Aufbauten. Die fahrfähige, aber nicht belastbare Bodengruppe des Büssing-Trambustyp 4500 T war besonders leicht ausgeführt und erhielt ihre Stabilität erst durch den aufgesetzten Karosserieteil in Ganzstahl-Verbund-Bauweise. Für Vortrieb sorgte der neue 5,4-Liter-Vorkammerdiesel der Baureihe U 5 mit 100 PS, der als Unterflurtriebwerk zwischen den Achsen angeordnet war.

Unten: Reisebus-Variante des Büssing 4500 T. Der Drögmöller-Aufbau mit transparenter Dachrandverglasung besaß 8 Sitzreihen mit Platz für 35-43 Fahrgäste.

Baureihe:	Büssing
Modell/Typ:	4500 T
Bauzeit:	1955
Sitz-/Stehplätze:	24 / 44; gesamt ca. 68
Motor:	6-Zyl.-Reihen-Diesel, Büssing U 5 Unterflur, Wasserkühlung
Hubraum:	5429 ccm
B x H:	96 x 125 mm
Leistung:	100 PS (74 kW) bei 2600 U/min
Getriebe:	5-Gang, ZF-Wechselgetriebe
Bremsen:	Zweikreis-Druckluft-Öldruck
Höchstgeschw.:	93 km/h
zul. Gesamtgew.:	9700 kg
Reifen v/h:	9,00 - 20 / hinten Zwilling
Radstand:	4500 mm
L x B x H:	8770 x 2450 x 2780 mm
Überhang v/h:	1843 / 2455 mm
Kraftstofftank:	110 Liter
Anmerkungen:	auch als Reisebus (8 Sitzreihen)

Mercedes-Benz O 321 H

Die Drögmöller-Aufbauten auf dem Mercedes-Benz- Frontlenker-Fahrgestell O 321 H, bei dem die ganze Fahrzeuglänge nun Fahrgastraum wurde, zeichneten sich durch eine klare Linienführung und zweckmäßige Konstruktion aus. Als Besonderheit war die Heckbank auf den Motor gebaut. Dadurch konnte Drögmöller erstmalig neun Reihen Schlafsessel für 39 Fahrgastsitze mit großem Sitzabstand in einen Omnibus einbauen. Der Fußboden im Wagen wurde zu einem Podest erhöht und der Mittelgang vertieft, so wurden die Kofferräume noch höher, die auf beiden Seiten zwischen den Achsen untergebracht waren. Die Karosserieform gab es in verschiedenen Varianten. So konnte der Drögmöller-Kunde den Bus auch in den Fahrzeugbreiten 2,40 und 2,30 Meter bestellen. Ab 1963 gab es die O 321 H-Karosserie in neuer Form mit neuer Windschutzscheibe und großflächigeren Seitenscheiben, die den Drögmöller kantiger wirken ließ.

Baureihe:	Mercedes-Benz
Modell/Typ:	O 321 H
Bauzeit:	1955-1964
Sitzplätze/-reihen:	37 / bis 9 (+ Mittelgang-Notsitze, Reiseleitersitze)
Motor:	6-Zyl.-Diesel, DB OM 321; ab 1962 OM 332 mit 126 PS, Wasserkühlung
Hubraum:	5100 ccm
B x H:	95 x 120 mm
Leistung:	110 PS (81 kW) bei 3000 U/min
Getriebe:	5-Gang; Wunsch: 8-Gang Gruppengetriebe ZF S8/45
Bremsen:	2-Kreis, Hydraulik mit Druckluft
Höchstgeschw.:	ca. 86 km/h
Leergewicht:	ca. 5670 kg
zul. Gesamtgew.:	11.600 kg
Reifen v/h:	8.25-20 PR 14 / hinten Zwilling
Radstand:	4180 mm
L x B x H:	9490 x 2500 x 2950 mm
Überhang v/h:	2480 / 2830 mm
Kofferraum:	3,0 m³
Kraftstofftank:	110 Liter
Anmerkungen:	Stückzahl: 194 Exemplare

MAN 420 HOC 1 / HOC 2

Durch gute Transparenz und mit viel Sicht
nach allen Seiten zeichnete sich der Drögmöller-Aufbau aus, den die Heilbronner Omnibusbauer auf das 1956 neu auf den Markt gebrachte MAN-Fahrgestell der Typenreihe 420
HOC 1 und HOC 2 setzten. Der neue MAN-
Reisebus wurde in verschiedenen Radständen
als HOC 1 mit 4500 mm und als HOC 2 mit
5600 mm angeboten und besaß einen profi-
lierten, ovalen Grill mit seitlichem Anschluss
über die Rundungen der Bugpartie mit integrierten Scheinwerfern, der nun in dieser Art
über Jahre hinweg die Vorderfront der MAN-
Omnibusse zieren sollte. In dem 10,4-Meter
HOC 2 war bei elf Sitzreihen Platz für 45 Personen. Diese Zahl erhöhte sich noch durch
die Mittelgang-Notsitze. Angetrieben wurde
der MAN 420 HOC mit Drögmöller-Aufbau von
dem in Längsrichtung im Heck eingebauten
5,9-Liter-Diesel mit 120 PS. Mit einem Acht-
Reihen-Drögmöller-Aufbau war das MAN-Chas-
sis 415 FOC 1 ausgerüstet, angetrieben von
dem auf 115 PS gedrosselten 5,9-Liter-Motor.

Baureihe:	MAN
Modell/Typ:	420 HOC 1 / HOC 2
Bauzeit:	1958-1961
Sitzplätze:	37-45 + Mittelgang-Notsitze und Reiseleitersitze
Motor:	6-Zyl.-Diesel, MAN D 0026 M1H, Direkteinspritzer, Wasserkühlung
Hubraum:	5891 ccm
B x H:	100 x 125 mm
Leistung:	120 PS (88 kW) bei 2700 U/min
Getriebe:	5-Gang, ZF-Synchroma-Getriebe
Bremsen:	4-Rad-Druckluft, Auspuffbremse
Höchstgeschw.:	ca. 100 km/h
Leergewicht:	ca. 5600 kg
zul. Gesamtgew.:	11.400 kg
Reifen v/h:	8,25 - 20 / hinten Zwilling
Radstand:	4500 mm / 5600 mm
L x B x H:	9260/10.400 x 2400 x 2940 mm
Überhang v/h:	1900 / 2585 mm
Kraftstofftank:	110 Liter (Wunsch 150 Liter)
Anmerkungen:	Stückzahl 31 Exemplare

Mercedes-Benz O 317 / O 317 K

Als Gegenstück zu dem Büssing-Unterflurdiesel-Baumuster konzipiert, entstand 1958 der Mercedes-Benz Großraum-Omnibus O 317 mit dem erstmals verwendeten Unterflurdiesel OM 326 h von zunächst 172 PS, ab 1961 mit 210 PS. Neu: Erstmals sorgte in diesem Fahrzeug die neuartige Luftfederung mit Niveauregulierung für einen besonderen Fahrkomfort. Neben der 12-Meter-Ausführung wurde ab 1963 auch eine 11,2-Meter-Variante mit der Bezeichnung O 317 K angeboten. Daimler-Benz bot beide Ausführungen als Bodengruppe auch dem Heilbronner Aufbautenhersteller Drögmöller zur eigenen Karosseriegestaltung an, der den Großraum-Omnibus neben Reiseausführungen mit 15 Sitzreihen und 61 Pullmansitzen auch als Kombi- bzw. Linien-Fahrzeug mit unterschiedlichen Türarten und Türanordnungen sowie mit Automatik-Getriebe anbot. Ab 1965 wurde die Karosserieform bei der Reiseausführung an das neue, für den DR 35 völlig neu entwickelte Drögmöller-Design angeglichen.

Mercedes-Benz O 317 K mit Drögmöller-Aufbau 1965, mit neu gestalteter Frontpartie und leicht gekrümmten, hoch gezogenen Seitenscheiben in wärmeabsorbierendem Katacolorglas, unten der O 317 in der Linienversion.

Baureihe:	Mercedes-Benz
Modell/Typ:	O 317 / O 317 K
Bauzeit:	1958-1969
Sitzplätze/-reihen:	61 / 15 + Mittelgang-Notsitze und Reiseleitersitze
Motor:	6-Zyl.-Unterflurdiesel, DB OM 326 h, ab 1964 OM 346 h
Hubraum:	10.809 ccm
B x H:	128 x 140 mm
Leistung:	210 PS (155 kW) bei 2200 U/min
Getriebe:	5-Gang mit Schaltachse; Wunsch: Automatikgetriebe
Bremsen:	2-Kreis, Hydraulik mit Druckluft
Höchstgeschw.:	ca. 90 km/h
Leergewicht:	ca. 9700 kg
zul. Gesamtgew.:	16.000 kg
Reifen v/h:	11.00-20 PR 16 / hinten Zwilling
Radstand:	6190 mm
L x B x H:	12.000 x 2500 x 3050 mm
Überhang v/h:	2360 / 3450 mm
Kofferraum:	5,5 m³
Kraftstofftank:	250 Liter
Anmerkungen:	Stückzahl: 20 Exemplare

Mercedes-Benz O 321 HL

Das Mercedes-Benz Fahrgestell O 321 HL war eine längere Version des O 321 H und ließ Aufbauten bis 10,86 Meter Gesamtlänge zu. Drögmöller nutzte diese Möglichkeit und erweiterte sein Programm mit einem Omnibus mit elf Reihen und 43-47 Fahrgastplätzen. Ausgestattet (auf Wunsch) mit druckluftbetätigten Außentüren, konnte das Fahrzeug für den Linienverkehr wie für den Ausflugsverkehr eingesetzt werden. Die meisten Drögmöller-Omnibusse erhielten nun Schlafsessel in Pullman-Form; das waren Sitze mit Verstellung der Rückenlehne und Verstellung des gangseitigen Sitzes zum Mittelgang. Für den Winterbetrieb wurden erstmals noch zusätzliche Warmluftheizungen eingebaut. Drögmöller-Omnibusse trugen damit erheblich zur Steigerung des Reisekomforts bei. Auch der O 321 HL zeigte sich ab 1963 in der neuen, kantiger wirkenden Drögmöller-Karosserieform mit großflächigeren Seitenscheiben und neuer Windschutzscheibe.

Baureihe:	Mercedes-Benz
Modell/Typ:	O 321 HL
Bauzeit:	1962-1964
Sitzplätze/-reihen:	45 / 11 + Mittelgang.-Notsitze und Reiseleitersitze
Motor:	6-Zyl.-Reihe, Diesel, DB OM 352 Bosch-Einspritzer,
Hubraum:	5675 ccm
B x H:	97 x 128 mm
Leistung:	126 PS (93 kW) bei 2800 U/min
Getriebe:	5-Gang; Wunsch: 8-Gang Gruppengetriebe ZF S8/45
Bremsen:	2-Kreis, Hydraulik mit Druckluft
Höchstgeschw.:	86 km/h
Leergewicht:	5800-6425 kg
zul. Gesamtgew.:	12.650 kg
Reifen v/h:	9.00-20 PR 16 / hinten Zwilling
Radstand:	5550 mm
L x B x H:	10.860 x 2500 x 2950 mm
Überhang v/h:	2480 / 2830 mm
Kofferraum:	3,5 m³
Kraftstofftank:	110 Liter
Anmerkungen:	Stückzahl: 75 Exemplare, davon 2 Exemplare als O 321 HL K

MAN 750
R 11 F / R 12 F

Mit dem MAN Fahrgestell 750 HO-R 11 F, mit Luffederung ausgerüstet, konnte Drögmöller 1962 sein Angebot an Großraumwagen nach oben erweitern. Es ließ Aufbauten bis zu 11,20 Meter zu und bot so Raum für 11-13 Reihen, je nach Art der Bestuhlung. Die klare Konzeption in der Linienführung verlieh dem Fahrzeug eine bestechende Eleganz. Eine entscheidende Bereicherung im ohnehin eingeschränkten Angebot der 12-Meter-Reiseomnibusse brachte dann 1965 das neue MAN Fahrgestell 750 HO-R 12 F, in dem der im Heck liegend eingebaute 192 PS starke MAN-6-Zylinder-Dieselmotor besonders durch sein Laufruhe bestach. Die geschmackvolle Inneneinrichtung durch bequeme Pullman-Sitze, Einzelplatzbelüftung mit Einstellmöglichkeit und hohe, leicht gebogene wärmeabsorbierende Catacolor-Seitenscheiben waren unverkennbare Merkmale der neuen Drögmöller-Karosserieform. Der 12 F konnte mit 14 Reihen Pullman-Sitzen mit Rückenlehnenverstellung oder je mit starren Sitzen ausgestattet werden.

Baureihe:	MAN
Modell/Typ:	750 HO-R 11 F / 12 F
Bauzeit:	1962-1968 / 1965-1968
Sitzplätze/-reihen:	51-57 / bis 14 + Mittelgang-Notsitze, Reiseleitersitze
Motor:	6-Zyl.-Unterflurdiesel, D 2146 HM 5 U, Wasserkühlung
Hubraum:	9659 ccm
B x H:	121 x 140 mm
Leistung:	150/192 PS (141 kW) bei 2100
Getriebe:	6-Gang
Bremsen:	Zweikreis-Druckluft
Höchstgeschw.:	ca. 99 km/h
Leergewicht:	ca. 9850 kg
zul. Gesamtgew.:	14.500 kg / 16.000 kg
Reifen v/h:	10.00-20 PR 16 / hinten Zwilling
Radstand:	5750 mm / 6120 mm
L x B x H:	11.410/12.000 x 2500 x 3000 mm
Überhang v/h:	2670 / 3210 mm
Kofferraum:	5,0 m³ / 5,5 m³
Kraftstofftank:	200 Liter
Anmerkungen:	Stückzahl: 8 Exemplare, als 535 HO R 10 mit 135 PS

Drögmöller DR 35

Mit der Typenreihe DR 35 ging Drögmöller 1965 zur Eigenständigkeit im Omnibusbau über. Angetrieben wurde der erste Drögmöller Omnibus mit eigenem Fahrgestell von dem 126 PS starken Reihen-6 Zylinder OM 352 aus der Daimler-Benz-Baureihe O 321H. Mit diesem Motor wurde der Wechsel zur Direkteinspritzung vollzogen. Der DR 35, als moderner Reisewagen der Mittelklasse, war mit 8 Sitzreihen als Ergänzung unterhalb des Mercedes-Benz Omnibusprogramms konzipiert. Auf der IAA 1965 wurde er zum schönsten Omnibus Deutschlands gekürt, denn mit den leicht gekrümmten, hoch gezogenen Seitenscheiben in wärmeabsorbierendem Katacolorglas, dem flachen und dennoch gerundeten Dach sowie mit neuer Heckgestaltung durch eine sphärisch gewölbte Rückwandscheibe zeigte Drögmöller den vielleicht ausgewogensten und in den Proportionen schönsten deutschen Omnibusaufbau. Die „neue Linie" zeichnete sich auch durch eine neu gestaltete Frontpartie mit markantem Drögmöller-Schriftzug aus.

Baureihe:	DR
Modell/Typ:	DR 35 (Anlaufserie)
Bauzeit:	1965-1967
Sitzplätze/-reihen:	33 max./ 8 (+ Reiseleitersitz)
Motor:	6-Zyl.-Diesel, Direkteinspritzung, Wasserkühlung, DB OM 352
Hubraum:	5675 ccm
B x H:	97 x 128 mm
Leistung:	126 PS (92 kW) bei 2800 U/min
Getriebe:	5-Gang (DB); 8-Gang ZF S8/45
Bremsen:	2-Kreis, Hydraulik mit Druckluft
Höchstgeschw.:	86 km/h
Leergewicht:	ca. 6450 kg
zul. Gesamtgew.:	10.200 kg
Reifen v/h:	8.25-20 Super / hinten Zwilling
Radstand:	4000 mm
L x B x H:	8360 x 2500/2300 x 2950 mm
Überhang v/h:	1900 / 2460 mm
Kofferraum:	ca. 3,1 m³
Kraftstofftank:	170 Liter
Anmerkungen:	Stückzahl: 9 Exemplare

Drögmöller DR 35 / 1

Der Heilbronner Omnibus-Neuling kam passenderweise auch aus einem neuen Werk, denn den Wechsel vom reinen Karosseriebau zum kompletten Fahrzeugbau und gestiegenen Produktionszahlen verband Drögmöller mit dem Einzug in das neue Betriebsgelände an der Lichtenbergstraße. Leicht modifiziert, wurde aus dem DR 35 aus der Anlaufserie ab 1967 der DR 35/1 als 30-34 Plätzer. Er unterschied sich nur unwesentlich und rundete als kleinstmöglicher Reisebus mit konventionellem Antrieb (Differenzial-Kardanwelle-Getriebe-Motor hintereinanderliegend) das Drögmöller-Busprogramm nach unten ab. In Verbindung mit dem 126-PS-Dieseleinspritzer und dem Mercedes-Fünfganggetriebe oder dem ZF-Achtganggetriebe war der DR 35/1 in seiner Sparsamkeit verblüffend. Auch in der Schweizer Ausführung mit 2300 mm Karosserie-Außenbreite war der Durchgang durch den Mittelgang recht gut und die Sitzbreite, besonders wenn die gangseitigen Sitze nach innen verstellt waren, wirklich bequem.

Baureihe:	DR
Modell/Typ:	DR 35/1
Bauzeit:	1967-1970
Sitzplätze/-reihen:	30-34 / 7-8 (+ Reiseleiter)
Motor:	6-Zyl.-Diesel, Direkteinspritzung, Wasserkühlung, DB OM 352
Hubraum:	5675 ccm
B x H:	97 x 128 mm
Leistung:	126 PS (92 kW) bei 2800 U/min
Getriebe:	5-Gang (DB); 8-Gang ZF S8/45
Bremsen:	2-Kreis, Hydraulik mit Druckluft
Höchstgeschw.:	86 km/h
Leergewicht:	ca. 6450 kg
zul. Gesamtgew.:	10.200 kg
Reifen v/h:	8.25-20 Super / hinten Zwilling
Radstand:	3950 mm
L x B x H:	8350 x 2500/2300 x 2950 mm
Überhang v/h:	1840 / 2560 mm
Kofferraum:	ca. 3,1 m³
Kraftstofftank:	170 Liter
Anmerkungen:	Stückzahl: 4 Exemplare

Drögmöller
DR 35 / 2

Ein Jahr nach seiner Premiere auf der IAA 1965 entwickelte Drögmöller den DR 35 zum DR 35/2 weiter. Mit größerem Radstand und größerer Gesamtlänge ist aus dem 8-Reiher jetzt ein 9-Reiher mit insgesamt 39 Schlafsesseln bei einem Sitzabstand von komfortablen 800 mm geworden. Auch die durchgehenden Kofferräume wurden an die größer gewordene Sitzplatzzahl angeglichen. Die Straßenlage wurde durch den Einbau zusätzlicher Stoßdämpfer für die Hinterachse noch weiter verbessert. Auf Wunsch gab es den DR 35/2 mit einem ZF-8-Gang Gruppengetriebe S8-45, mit einer Lenkhilfe, einer Webasto-Luftheizung zum schnellen Aufheizen im Stand und mit einer Zentralschmierung mit Federblattschmierung, so dass nur noch die Kardanwelle von Hand geschmiert werden musste. So konzipiert, schloss der DR 35/2 die Lücke in der unteren Mittelklasse, die durch das Auslaufen der bewährten Baureihe Mercedes-Benz O 321 H entstanden war.

Baureihe:	DR
Modell/Typ:	DR 35/2
Bauzeit:	1966-1968
Sitzplätze/-reihen:	37 max./ 9 (+ Reiseleiter)
Motor:	6-Zyl.-Diesel, Direkteinspritzung, Wasserkühlung, DB OM 352
Hubraum:	5675 ccm
B x H:	97 x 128 mm
Leistung:	126 PS (92 kW) bei 2800 U/min
Getriebe:	5-Gang (DB)
Bremsen:	2-Kreis, Hydraulik mit Druckluft
Höchstgeschw.:	86 km/h
Leergewicht:	ca. 6600 kg
zul. Gesamtgew.:	10.200 kg
Reifen v/h:	8.25-20 Super / hinten Zwilling
Radstand:	4350 mm
L x B x H:	8950 x 2500/2300 x 2950 mm
Überhang v/h:	2040 / 2560 mm
Kofferraum:	ca. 3,5 m³
Kraftstofftank:	170 Liter
Anmerkungen:	Stückzahl: 11 Exemplare

Drögmöller
DR 35 / 3

Eine weitere Variante der DR-Baureihe war der 1967 neu auf den Markt gebrachte DR 35/3, der vor allem das Mercedes-Programm an Drögmöller-Omnibusaufbauten nach unten abrunden sollte. Wie der ein Jahr zuvor eingeführte DR 35/2 besaß der DR 35/3 ebenfalls neun Sitzreihen mit insgesamt 39 Spezial-Schlafsitzen, die als Besonderheit über absenkbare Sitzkissen verfügten. Dem besonderen Wunsch von Schweizer Busunternehmen nach größerer Motorleistung entsprach Drögmöller mit dem Einbau des 8-Liter-Sechszylinder-Diesel OM 327, der nun über eine Leistung von 170 PS verfügte. In Verbindung mit dem ZF-8-Ganggetriebe und eingebauter Lenkhilfe kam der Direkteinspritzer dem Trend zu immer größeren Leistungen bei den Reisebussen voll entgegen. Der DR 35/3 eignete sich besonders für eine Fahrzeugbreite von 2,30 Meter, in diesem Fall war die Verwendung von Trilex-Felgen technisch notwendig, wobei der wenig vertiefte Mittelgang viel zum bequemen Durchgehen zwischen den Sitzen beitrug.

Baureihe:	DR
Modell/Typ:	DR 35/3
Bauzeit:	1967-1968
Sitzplätze/-reihen:	37 max./ 9 (+ Reiseleiter)
Motor:	6-Zyl.-Diesel, Direkteinspritzung, Wasserkühlung, DB OM 327
Hubraum:	7980 ccm
B x H:	115 x 128 mm
Leistung:	170 PS (124 kW) bei 2600 U/min
Getriebe:	8-Gang Gruppengetr. ZF S8-45
Bremsen:	2-Kreis, Hydraulik mit Druckluft
Höchstgeschw.:	116 km/h
Leergewicht:	ca. 7400 kg
zul. Gesamtgew.:	11.600 kg
Reifen v/h:	8.25-20 PR 14 / hinten Zwilling
Radstand:	4350 mm
L x B x H:	9250 x 2500/2300 x 2950 mm
Überhang v/h:	2040 / 2860 mm
Kofferraum:	ca. 3,5 m³
Kraftstofftank:	170 Liter
Anmerkungen:	Stückzahl: 6 Exemplare

Drögmöller DR 35 L

1968 wurde der DR 35 L als Weiterentwicklung des DR 35/3 vorgestellt. Er besaß Luftfederung und die Komponenten der Mercedes-Benz Omnibusbaureihe O 302. Verfügte der 39-Plätzer anfangs noch über eine Leistung von 170 PS aus dem Daimler-Benz-Sechszylinder OM 327-Heckmotor, so hob ab 1970 der 8,7-Liter-OM 360 die Leistung auf beachtliche 192 PS an. Ab diesem Zeitpunkt konnte man den Reisebus aus Heilbronn auf Wunsch auch mit der sicheren Telma-Zusatzbremse ordern, wie auch eine Zweigang-Hinterachs-Schaltachse. Eine sehr beliebte Sonderausstattung ermöglichte die Luftfederung: Durch eine pneumatische Einrichtung konnte das Fahrzeugniveau sowohl an der Vorderachse, als auch an der Hinterachse jeweils separat verändert werden. Damit verfügte der Drögmöller

über eine weitaus bessere Freigängigkeit, die sich bei stark überhöhten Kurven von Alpenpässen oder beim Befahren von Fähren positiv bemerkbar machte. Ein Novum war der erste

WC-Einbau in einem Omnibus. Als WC wurde im DR 35 L ein völlig geruchloses Chemical-WC aus Amerika verwendet, wie es bereits in Flugzeugen üblich war.

Baureihe:	DR
Modell/Typ:	DR 35 L
Bauzeit:	1968-1971
Sitzplätze/-reihen:	37 max./ 9 (+ Reiseleiter)
Motor:	6-Zyl.-Diesel, Direktein-spritzung, DB OM 327, ab 1970: OM 360
Hubraum:	7980 ccm / 8720 ccm
B x H:	115 x 128 mm / 115 x 140 mm
Leistung:	124/142 PS (170/192 kW) bei 2600 U/min
Getriebe:	5-Gang; ZF 8-Gang S8/45
Bremsen:	2-Kreis, Hydraulik mit Druckluft
Höchstgeschw.:	116 km/h
Leergewicht:	ca. 7700 kg
zul. Gesamtgew.:	12.650 kg
Reifen v/h:	9.00-20 PR 16 / hinten Zwilling
Radstand:	4440 mm
L x B x H:	9300 x 2500/2300 x 3000 mm
Überhang v/h:	2040 / 2830 mm
Kofferraum:	ca. 3,5 m³
Kraftstofftank:	170 Liter
Anmerkungen:	Stückzahl: 18 Exemplare

Drögmöller DR 256

In der Optik des kleineren DR 35 präsentierte sich 1973 der DR 256 mit bis zu 15 Sitzreihen und einer Gesamtlänge von zwölf Metern. Seine Typenbezeichnung erhielt der Hochboden-Reisebus mit seiner einheitlichen Höhe im gesamten Fahrgastraum von dem im Heck eingebauten 256 PS starken V8-Motor OM 402. Auch führte der Einbau des V8-Motors zu einer größeren Fahrzeughöhe. Neu war auch die Doppelverglasung (Drögmöller-System/Solbit) der Seitenscheiben, bei der die erste Scheibe außen und die zweite Scheibe innen bündig einvulkanisiert war. Der Zwischenraum war nun luftdicht und damit konnte ein Beschlagen der Fenster vermieden werden. Diese Drögmöller-Eigenfertigung konnte auf Wunsch geordert werden, wie auch die Telma-Zusatzbremse.

Baureihe:	DR
Modell/Typ:	DR 256
Bauzeit:	1973-1974
Sitzplätze/-reihen:	53-61 / 13-15 (+ Reiseleiter)
Motor:	V8-Zyl.-Diesel, Direkteinspritzung, DB OM 402, Wasserkühlung
Hubraum:	12.760 ccm
B x H:	125 x 130 mm
Leistung:	256 PS (188 kW) bei 2500 U/min
Getriebe:	6-Gang ZF S6 – 90
Bremsen:	2-Kreis-Druckluft
Höchstgeschw.:	116 km/h
Leergewicht:	ca. 10.700 kg
zul. Gesamtgew.:	16.000 kg
Reifen v/h:	11-22.5 XGV / hinten Zwilling
Radstand:	6100 mm
L x B x H:	12.000 x 2500 x 3030 mm
Überhang v/h:	2600 / 3300 mm
Kofferraum:	ca. 8,5 m³
Kraftstofftank:	330 Liter
Anmerkungen:	Stückzahl: 8 Exemplare

Drögmöller Eupu 256

Das zur Aufnahme des 256 PS starken V8-Motor OM 402 modifizierte Chassis bildete die Basis für die Bustypen DR 256 und Eupu 256. Gegenüber dem O 302-Fahrgestell besaß die Drögmöller-Version einen verlängerten vorderen Überhang, so dass die zulässige hintere Achslast trotz luxuriöser Einbauten wie Bordküche mit Kühlschrank, WC mit Waschraum und Garderobe eingehalten werden konnte. Gegenüber dem DR 256, der ein glattes Dach besaß, erhielt die Europullman-Ausführung einen Absatz im mittleren Dachbereich, so dass die Fahrgastplattform hinter dem Mittelgang angehoben werden konnte. Die sehr flach liegende, schräg gestellte Scheibe in diesem Dachknick erhielt, ebenso wie die Seitenscheiben, eine Doppelverglasung. Diese waren zur verbesserten Aerodynamik bündig einvulkanisiert (Drögmöller-System/Solbit). Neu war auch die pneumatisch betriebene zweite Fahrgasttür als so genannte Außenschiebetür. Der Luxusbus zeichnete sich wiederum durch eine hervorragende Verarbeitungsqualität aus.

Baureihe:	DR
Modell/Typ:	Eupu 256
Bauzeit:	1973-1975
Sitzplätze/-reihen:	49-53 max. / 13 (+ Reiseleiter)
Motor:	V8-Zyl.-Diesel, Direkteinspritzer, DB OM 402, Wasserkühlung
Hubraum:	12.760 ccm
B x H:	125 x 130 mm
Leistung:	256 PS (188 kW) bei 2500 U/min
Getriebe:	6-Gang ZF S6 – 90
Bremsen:	2-Kreis-Druckluft
Höchstgeschw.:	116 km/h
Leergewicht:	ca. 11.200 kg
zul. Gesamtgew.:	16.000 kg
Reifen v/h:	11-22,5 XGV / hinten Zwilling
Radstand:	6100 mm
L x B x H:	12.000 x 2500 x 3030 mm
Überhang v/h:	2600 / 3300 mm
Kofferraum:	ca. 9,0 m³
Kraftstofftank:	330 Liter
Anmerkungen:	Stückzahl: 19 Exemplare

Mercedes-Benz O 302 / 10 R

Das kleinste Modell der 1965 auf den Markt gekommenen neuen Omnibusgeneration von Daimler-Benz war der O 302/10 R. Auf seine Bodengruppe, einer steifen Rahmenbodenanlage mit anfänglich 126- und 150-PS-Direkteinspritzer-Diesel OM 352 und OM 327 (7980 ccm), setzte Drögmöller die für den DR 35 völlig neu entwickelte Karosserieform, die nun richtungsweisend für alle Produkte des Heilbronner Omnibusbauers werden sollte. Während seiner zehnjährigen Bauzeit blieb der 10-Reiher stets auf dem jeweiligen Stand der Omnibus-Technik. So bekam er ab 1969 mit dem 192-PS starken 8,7-Liter-6-Zylinder OM 360 eine beachtliche Leistungssteigerung. Ab 1970 Dachkanalheizung. Ab 1973 profitierte er sogar von einer Drögmöller-Erfindung (Drögmöller-System/Solbit): Die gewölbten Seitenscheiben gab es jetzt als Doppelverglasung, bei der die erste Scheibe außen und die zweite Scheibe innen bündig einvulkanisiert war. Gab es den 10 R anfangs nur mit Stahlfedern, so erhielt er bald danach auch die komfortablere Luftfederung.

Baureihe:	Mercedes-Benz
Modell/Typ:	O 302 / 10 R
Bauzeit:	1965-1975
Sitzplätze/-reihen:	45 / 10 max. (+ Reiseleiter)
Motor:	6-Zyl.-Diesel, Direkteinspritzung, Wasserkühlung, DB OM 352
Hubraum:	5675 ccm
B x H:	97 x 128 mm
Leistung:	126 PS (93 kW) bei 2800 U/min
Getriebe:	5-Gang
Bremsen:	2-Kreis, Hydraulik mit Druckluft
Höchstgeschw.:	110 km/h
Leergewicht:	ca. 8200 kg
zul. Gesamtgew.:	13.500 kg
Reifen v/h:	9.00-20 PR 14 / hinten Zwilling
Radstand:	4685 mm
L x B x H:	9700 x 2500/2300 x 3000 mm
Überhang v/h:	2040 / 2975 mm
Kofferraum:	4,5 m³
Kraftstofftank:	170 Liter
Anmerkungen:	Stückzahl: 45 Exemplare,

Mercedes-Benz O 302 / 11 R

Wie beim kleineren 10 R bildete auch die Bodengruppe des Mercedes-Benz O 302/11 R die Basis für den speziellen Drögmöller-Karosserieaufbau. Sie zeichnete sich neben ihrem modernen Design vor allem durch hohen Komfort und Sicherheit aus. Durch den Einbau eines leistungsstarken Deffinition-Klimagerätes im Bug konnte anfangs auf eine Dachheizung verzichtet werden, das ab 1970 jedoch durch eine Dachkanalheizung abgelöst wurde. Die Einstiege vorn und hinten wurden bequemer. Wahlweise mit Stahl- oder Luftfederung ausgestattet, gab es den Mittelklasse 11-Reiher, wie alle anderen Drögmöller-Busse, in Schweizausführung auch mit der Fahrzeugbreite von 2300 mm, dann Trilex-Felgen. Von 1967-1974 kam als Ergänzung der O302/11 RL mit Radstand-Verlängerung um 400 mm hinzu. Stückzahl: 15 Exemplare. Sonderausstattung: ab ca. 1970 Telma-Zusatzbremse, ab 1973 Doppelverglasung bei Seitenscheiben im Gummirahmen oder einvulkanisiert (Drögmöller-System / Solbit).

Baureihe:	Mercedes-Benz
Modell/Typ:	O 302 / 11 R
Bauzeit:	1965-1975
Sitzplätze/-reihen:	41-45/11 (+ Reiseleiter)
Motor:	6-Zyl.-Diesel, Direkteinspritzung, Wasserkühlung, DB OM 352 bzw. OM 327, ab 1969: OM 360,
Hubraum:	5675 / 7980 / 8720 ccm
B x H:	115 x 140 mm (OM 360)
Leistung:	OM 352: 126 PS (92 kW) OM 327: 170 PS (125 kW) OM 360: 192 PS (141 kW)
Getriebe:	5-Gang; Wunsch: ZF 8-Gang
Bremsen:	2-Kreis, Hydraulik mit Druckluft
Höchstgeschw.:	110 km/h
Leergewicht:	ca. 8600 kg
zul. Gesamtgew.:	13.200 kg
Reifen v/h:	9.00-20 PR 14 / hinten Zwilling
Radstand:	5050 mm
L x B x H:	10.200 x 2500/2300 x 3000 mm
Überhang v/h:	2050 / 3100 mm
Kofferraum:	4,3 m³
Kraftstofftank:	170 Liter; Wunsch 220 Liter
Anmerkungen:	Stückzahl: 138 Exemplare

Mercedes-Benz O 302 / 12 R/RL

Zwei Jahre nach seiner Premiere wurde der Mercedes-Benz O 302/12 R auf standfeste 170 PS gebracht, eine Leistung, die sich ab 1969 nochmals auf 192 PS steigerte. Wie bei allen anderen Drögmöller-Aufbauten auf dem O 302-Fahrgestell konnte auch beim 12 R/RL die Motorüberbauung so gestaltet werden, dass es möglich wurde, den Fahrgastraum bei gleich bleibender Außenlänge nach hinten zu verlegen. So wurde aus dem Gerade-noch-12-Reiher ein 12-Reiher-Schlafsesselbus. Immer mehr begannen sich Verstellsitze mit modernen und sehr hochwertigen Sitzbezügen (engl. Wollplüsch) in lichten Farben durchzusetzen, bei denen das Sitzkissen abgesenkt und da-durch die Sitzfläche verlängert wurde. Es gab viele Möglichkeiten der Sonderausstattung: Ein-bau von Air-Condition-Anlagen, für Fernreisen Chemical-WC – vollkommen geruchlos – und Waschmöglichkeit. Der Mercedes-Benz O 302

/ 12 R mit Drögmöller-Aufbau erhielt ab 1970 eine Dachkanalheizung.

Baureihe:	Mercedes-Benz
Modell/Typ:	O 302/12 R // O 302/12 RL
Bauzeit:	1965-1975 / 1967-1973
Sitzplätze/-reihen:	45-51 / 12 (+ Reiseleiter)
Motor:	6-Zyl.-Diesel, Direktein-spritzung, Wasserkühlung, DB OM 327, ab 1969: DB OM 360
Hubraum:	7980 / 8720 ccm
B x H:	115 x 128 / 115 x 140 mm
Leistung:	OM 327: 150/160/170 PS (110/118/125 kW) OM 360: 192 PS (141 kW) bei 2500 U/min
Getriebe:	5-Gang; Wunsch: ZF 8-Gang
Bremsen:	2-Kreis, Hydraulik mit Druckluft
Höchstgeschw.:	110 km/h / 116 km/h
Leergewicht:	ca. 9200 kg / 10.100 kg
zul. Gesamtgew.:	14.200 kg
Reifen v/h:	9.00-20 PR 14 / hinten Zwilling 10.00-20 PR 16 / hinten Zwilling
Radstand:	5850 mm / 6150 mm
L x B x H:	11000/11300 x 2500/2300 x 3000 mm
Überhang v/h:	2050 / 3100 mm
Kofferraum:	5,5 m³ / 6,1 m³
Kraftstofftank:	170 Liter; Wunsch: 220 Liter
Anmerkungen:	Stückzahl: 163 Exemplare, davon 16 Ex. als O 302/12 RL Hochdecker-Version (1 Ex.): Höhe 3600 mm, Kofferraum 8,2 m³

Mercedes-Benz O 319

Im Jahre 1965 komplettierte Drögmöller seine Omnibus-Palette durch einen Kleinbus auf dem bewährten Fahrgestell des Mercedes-Benz O 319. Der auf 14 und 17 Fahrgäste ausgelegte Drögmöller-Aufbau wies alle Merkmale eines modernen Reisebusses auf und zeichnete sich durch einen bequemen Zweistufen-Einstieg vorn rechts, breite Pullmansitze, die man auf Wunsch auch verstellbar erhalten konnte, durch eine durchgehende Windschutzscheibe, hohe Seitenscheiben und durch ein formschönes Heck aus. Zur Serienausstattung dieses Kleinbusses zählte eine Warmwasserheizung, Düsenbelüftung auf beiden Seiten, doppelt verglaste Dachluken, großer Kofferraum im Heck, Gepäckablagen in der Decke sowie eine geschmackvolle Farbabsetzung der mit 80° C eingebrannten Kunstharzlackierung.

Baureihe:	Mercedes-Benz
Modell/Typ:	O 319
Bauzeit:	1965-1969
Sitzplätze/-reihen:	17 / 5 (bei 3er Bestuhlung)
Motor:	4-Zyl.-Reihe, Diesel, DB OM 616 Direkteinspritzer, Wasserkühlung,
Hubraum:	2376 ccm
B x H:	91 x 92,4 mm
Leistung:	65 PS (48 kW) bei 4400 U/min
Getriebe:	5-Gang
Bremsen:	2-Kreis, Hydraulik mit Druckluft
Höchstgeschw.:	ca. 98 km/h
Leergewicht:	ca. 3550 kg
zul. Gesamtgew.:	4900 kg
Reifen v/h:	6.50 - 16 / hinten Zwilling
Radstand:	3100 mm
L x B x H:	5470 x 2080 x 2560 mm
Überhang v/h:	720 / 2140 mm
Kofferraum:	1,5 m³
Kraftstofftank:	80 Liter
Anmerkungen:	Stückzahl: 7 Exemplare

Mercedes-Benz LPO 608 D

Für den immer interessanter werdenden Reiseverkehr von Kleingruppen ergänzte Drögmöller
1966 sein Programm mit einem 22- bzw. 26-
sitzigen Reisebus, aufgebaut auf der Bodengruppe des Mercedes-Benz LPO 608 D. Angetrieben wurde der Kleinbus von dem Daimler-
Benz Vierzylinder-Reihendiesel Direkteinspritzer
OM 314 von 80 PS. Im Design seinen größeren Brüdern angeglichen, besaß die Drögmöller-Karosserie auf dem LPO 608 eine hohe,
große Windschutzscheibe und große, leicht
gebogene Seitenscheiben aus Catacolor-Si-
cherheitsglas. Einzelplatzbelüftung durch Luftkanal an der Decke mit regulierbaren Düsen,
eine Warmwasser-Frischluftheizung durch
Wärmetauscher und Drehtüren für Einstieg und
Fahrer waren serienmäßiger Standard. Gegenüber der 22-sitzigen Version mit einem
Sitzabstand von 855 mm war der 26-Sitzer
nur um 450 mm länger, dafür verringerte sich
der Sitzabstand auf 775 mm.

Baureihe:	Mercedes-Benz
Modell/Typ:	LPO 608 D
Bauzeit:	1966-1968
Sitzplätze/-reihen:	24 max./ 6 (+ Reiseleiter)
Motor:	4-Zyl.-Diesel, Direkteinspritzung, DB OM 314, Wasserkühlung
Hubraum:	3782 ccm
B x H:	97 x 128 mm
Leistung:	80 PS (58 kW) bei 2800 U/min
Getriebe:	5-Gang
Bremsen:	2-Kreis, Hydraulik mit Druckluft
Höchstgeschw.:	98 km/h
Leergewicht:	ca. 4350 kg
zul. Gesamtgew.:	6500 kg
Reifen v/h:	7.00 - 16 / hinten Zwilling
Radstand:	3600 mm
L x B x H:	6220/6670 x 2300 x 2900 mm
Überhang v/h:	740 / 2100 mm
Kofferraum:	ca. 2,5 m³
Kraftstofftank:	110 Liter
Anmerkungen:	Stückzahl: 9 Exemplare

Mercedes-Benz O 302 / 13 R

1968 rundete der O 302/13 R das Mercedes-Benz-Programm von Drögmöller nach oben ab. Im Gegensatz zu den 10- bis 12-reihigen Fahrzeugen erhielt das Modell O 302/13 R vorn und hinten serienmäßig Luftfederung, sowie Lenkhilfe. Der Drögmöller-Reiseomnibus mit dem ab 1969 eingebauten 240 PS starken Mercedes-Benz-Motor OM 355 war ein exklusiver Reisewagen mit hervorragender Ausstattung: 55 bequeme Schlafsesselsitze, ansteigender Fußboden, zusätzliche Belüftung durch große Luftöffnungen über Windschutzscheibe und zusätzliche elektrische Dach-Be- und Entlüftung, Kühlschrank unter Armaturenbrett, große Kofferräume, große Kraftstofftanks und hervorragende Verarbeitung. Doppelverglasung bei Seitenscheiben ab 1973 im Gummirahmen oder einvulkanisiert (Drögmöller-System / Solbit), einige Fahrzeuge auch in Linienausführung mit einvulkanisierten Einfach-Seitenscheiben (keine Eckradien).

Baureihe:	Mercedes-Benz
Modell/Typ:	O 302 / 13 R
Bauzeit:	1968-1974
Sitzplätze/-reihen:	49-61 max./15 (+ Reiseleiter)
Motor:	6-Zyl.-Diesel, Direkteinspritzung, Wasserkühlung, DB OM 327
Hubraum:	7980 ccm
B x H:	115x128 mm
Leistung:	170 PS (125 kW) bei 2600 U/min
Getriebe:	5-Gang; 8-Gang ZF (Wunsch)
Bremsen:	2-Kreis-Druckluft
Höchstgeschw.:	116 km/h
Leergewicht:	ca. 10.800 kg
zul. Gesamtgew.:	16.000 kg
Reifen v/h:	10.00-20 PR 16 / hinten Zwilling
Radstand:	6055 mm
L x B x H:	12.000 x 2500 x 3100 mm
Überhang v/h:	2345 / 3600 mm
Kofferraum:	6,0 m³
Kraftstofftank:	220 Liter
Anmerkungen:	Stückzahl: 135 Exemplare

Mercedes-Benz O 302 / 13 R Eupu

Auf der größeren Bodengruppe des Mercedes-Benz O 302/13 R bot Drögmöller, neben dem normalen Omnibusaufbau, ab 1970 auch die neue eigenständige Hochdecker-Karosserie mit stufenartig ansteigendem Innenraum an. Die neu entwickelte Pullman-Omnibusreihe sollte nicht als kurzes Fahrzeug nur eine Nische unterhalb des Daimler-Benz Omnibusprogramms ausfüllen, sondern als vollwertiger 11- und 12-Meter-Reisewagen mit Daimler-Benz Fahrzeugen für gehobene Ansprüche konkurrieren. Zum erstenmal wurde für einen zweiten Fahrer oder Beifahrer ein richtiger Ruheraum mit allem Komfort eingerichtet. Neu war auch die Belüftung und die druckluftbetätigte Schiebetür, die sich beim Öffnen an die Außenwand anlegte. Der O 302/13R Europullman, in Nirosta-Ausführung mit Längsprofilierung im oberen Bereich der Seitenwand-Beblechung, konnte auch mit 51 Schlafsesselsitzen ausgestattet werden, wobei der ansteigende Fußboden mit vier Stufen freie Sicht nach allen Seiten ermöglichte.

Baureihe:	Mercedes-Benz
Modell/Typ:	O 302/13 R Europullman
Bauzeit:	1970-1974
Sitzplätze/-reihen:	49-61 max./15 (+ Reiseleiter)
Motor:	6-Zyl.-Diesel, Direkteinspritzung, DB OM 360 oder OM 355
Hubraum:	8720 ccm / 11.580 ccm
B x H:	115x140 mm / 128 x 150 mm
Leistung:	192 / 240 PS (141 / 177 kW)
Getriebe:	5-Gang; 8-Gang ZF
Bremsen:	2-Kreis-Druckluft
Höchstgeschw.:	116 km/h
Leergewicht:	ca. 10.800 kg
zul. Gesamtgew.:	16.000 kg
Reifen v/h:	10.00-20 PR 16 / hinten Zwilling
Radstand:	6055 mm
L x B x H:	12.000 x 2500 x 3450 mm
Überhang v/h:	2345 / 3600 mm
Kofferraum:	8,2 m³
Kraftstofftank:	220 Liter
Anmerkungen:	Luftfederung, Lenkhilfe

Mercedes-Benz O 302 / 12 R Eupu

1970 stellte Drögmöller auf der Bodengruppe des Mercedes-Benz O 302/12 R einen Hochdecker mit stufenartig ansteigendem Innenraum vor und legte so den Grundstein zu einer eigenständigen Pullman-Omnibusreihe. Optisch war dieses Fahrzeug den amerikanischen Greyhound-Bussen der 50er-Jahre nachempfunden. Seine Frontpartie entsprach auf den ersten vier Metern Fahrzeuglänge der des normalen 12 R-Aufbaus. Danach schloss sich eine Erhöhung der Seitenscheiben und des Daches um 40 Zentimeter an. Der Innenraum verlief in diesem Bereich stufenartig. Die Erhöhung besaß ihre eigene kleine Frontscheibe zwischen unterem und oberen Dachteil. Den Drögmöller-Hochdecker gab es in zwei verschiedenen Ausführungen: Als Stufenhochdecker mit einer Höhe von 3500 mm und als Europullman

(Höhe 3450 mm), bei dem die Beblechung der Seitenwände im oberen Bereich in Nirosta-Ausführung mit Längsprofilierung ausgeführt war. Die 11,30 Meter lange 12 RL-Version gab es entweder mit Radstand-Verlängerung oder vorderer Überhang-Verlängerung um jeweils 300 mm.

Oben: Mercedes-Benz O 302 / 12 R mit
Drögmöller-Europullman-Aufbau.
Unten: Mercedes-Benz O 302 / 12 R mit
Drögmöller-Stufenhochdecker-Karosserie.

Baureihe:	Mercedes-Benz
Modell/Typ:	O 302/12 R Europullman
Bauzeit:	1970-1975
Sitzplätze/-reihen:	47-55/13 (+ Reiseleiter)
Motor:	6-Zyl.-Diesel, Direkteinspritzung, Wasserkühlung, DB OM 360
Hubraum:	8720 ccm
B x H:	115 x 140 mm
Leistung:	192 PS (141 kW) bei 2500 U/min
Getriebe:	5-Gang; Wunsch: ZF 8-Gang
Bremsen:	2-Kreis, Hydraulik mit Druckluft
Höchstgeschw.:	116 km/h
Leergewicht:	10.100 kg
zul. Gesamtgew.:	14.200 kg
Reifen v/h:	10.00-20 PR 16 / hinten Zwilling
Radstand:	5850 mm
L x B x H:	11.000 x 2500 x 3450/3500 mm
Überhang v/h:	2350 / 3100 mm
Kofferraum:	8,2 m³
Kraftstofftank:	170 Liter; Wunsch: 220 Liter
Anmerkungen:	Luftfederung, Lenkhilfe, auch als O 302/12 RL

Drögmöller
E 320

Während die Drögmöller-eigene DR-Baureihe sich im Frontbereich optisch noch am Mercedes O 302 orientierte, folgte 1974 der Europullman E 320 mit einem nun vollkommen eigenen Design. Zu einer markanten Neuheit avancierte jedoch die extrem große steglose Panorama-Windschutzscheibe in bisher nicht gekannter Größe (die weltweit größte Ausführung), die in Finnland hergestellt wurde. Wegen der großen Scheibenfläche musste eine Anlage mit drei Wischern eingesetzt werden, da die damalige Wischblattlänge nur etwa 800 mm betrug. Um 1979 herum standen dann Wischerblätter von 1000 mm zur Verfügung, die serienmäßig nun eine Zwei-Wischer-Anlage zuließen. Durch den angehobenen Wagenboden stand ein wesentlich größerer Kofferraum zur Verfügung; gleichzeitig wurde die Aussichtsmöglichkeit für die Fahrgäste verbessert. Äußeres Merkmal war die breite Gürtelleiste mit drei Füllern. Der Hochdecker-Typ erhielt ab 1977 eine Drögmöllereigene Einzelrad-Vorderradaufhängung mit hervorragenden Fahreigenschaften.

Baureihe:	300
Modell/Typ:	E 320 Europullman
Bauzeit:	1974-1980
Sitzplätze/-reihen:	47-59 / 12-14 (+Reiseleiter)
Motor:	V8-Zyl.-Diesel, DB OM 402 Direkteinspritzer, Wasserkühlung
Hubraum:	12.760 ccm
B x H:	125 x 130 mm
Leistung:	256 PS (188 kW) bei 2500 U/min
Getriebe:	6-Gang
Bremsen:	2-Kreis-Druckluft
Höchstgeschw.:	120 km/h
Leergewicht:	ca. 11.500 kg
zul. Gesamtgew.:	16.000 kg
Reifen:	12-22,5; ab `80: 12/80 R 22,5 GV; hinten Zwilling
Radstand:	6100 mm
L x B x H:	12.000 x 2500/2300 x 3400 mm
Überhang v/h:	2700 / 3200 mm
Kofferraum:	ca. 12,0 m³
Kraftstofftank:	410 Liter
Anmerkungen:	Stückzahl: 87 Exemplare

Drögmöller E 310

1977 stellte Drögmöller ein weiteres Modell der Baureihe 300 vor: Der E 310 Superpullman war eine Mitteldeckerversion in Luxusausführung und 200 mm niedriger als der E 320, entsprach aber weitgehend diesem. Neu war die Innenverkleidung der Fahrertür mit abschließbarem Kasten und Ablagekonsole. Normalerweise war bei den Hochdecker-Typen der zweite Fahrgast-Einstieg in der Mitte, beim E 310 konnte diese Tür auch hinter der Hinterachse platziert werden. Beim Einbau einer Toilette im Mitteleinstieg entfielen nur vier Sitze. Die Außenleisten unterhalb der Seitenfenster waren teilweise „silber" eloxiert, kombiniert mit „bronze". Die meisten der insgesamt 37 gebauten Exemplare dieser E 310 Superpullman-Version wurden mit dem 256-PS V8-Motor OM 402 ausgeliefert. Nur ein Drögmöller-Kunde wollte mehr Leistung und ließ ihn mit dem 16-Liter V10-Motor OM 403 in Verbindung mit dem ZF Viergang-Automatikgetriebe und der integrierten Retarderbremse ausrüsten.

Baureihe:	300
Modell/Typ:	E 310 Superpullman
Bauzeit:	1977-1980
Sitzplätze/-reihen:	47-59 / 12-14 (+Reiseleiter)
Motor:	V8-Zyl.-Diesel, DB OM 402 Direkteinspritzer, Wasserkühlung
Hubraum:	12.760 ccm
B x H:	125 x 130 mm
Leistung:	256 PS (188 kW) bei 2500 U/min
Getriebe:	6-Gang
Bremsen:	2-Kreis-Druckluft
Höchstgeschw.:	120 km/h
Leergewicht:	ca. 11.300 kg
zul. Gesamtgew.:	16.000 kg
Reifen:	12/80 R 22,5 GV; hinten Zwilling
Radstand:	6100 mm
L x B x H:	12.000 x 2500/2300 x 3200 mm
Überhang v/h:	2700 / 3200 mm
Kofferraum:	ca. 9,0 m³
Kraftstofftank:	400 Liter
Anmerkungen:	Stückzahl: 37 Exemplare

Drögmöller
E 300 / E 300 H

Mit dem Erscheinen des E 300 Superpullman nahm die zukünftige Typenstruktur bei Drögmöller feste Formen an. Im Gegensatz zu den vorangegangenen E-Typen mit zwölf Meter Länge war der E 300 nur 11,3 Meter lang, entsprach jedoch in allen übrigen Details dem E 310 bzw. E 320. Das bis in die neunziger Jahre gebaute und weiter entwickelte Baumuster gab es auf Wunsch auch mit der 330 PS starken Turbo-Version OM 422 A oder OM 442 A (366 PS). 1981 wurde die serienmäßige Bereifung auf die Dimension 295 / 80 R 22,5 umgestellt. Eine leichte Design-Retusche erhielt ab etwa 1982/83 die markante, steglose Panorama-Windschutzscheibe. Sie war jetzt etwas schräger nach hinten geneigt und wurde 1988 durch Änderung der „A"-Säule im oberen Bereich sogar noch verstärkt. Ab 1984 kam eine hohe Variante hinzu. Der E 300 H Europullman besaß den Karosseriequerschnitt des E 320 und wies eine Höhe von 3400 mm auf, die sich beim Einbau einer Aufdach-Klimaanlage auf 3550 mm erhöhte.

Baureihe:	300
Modell/Typ:	E 300 Superpullman/ E 300 H Europullman
Bauzeit:	1978-1992
Sitzplätze/-reihen:	43-55 / 11-13
Motor:	V8-Zyl.-Diesel, DB OM 402 Direkteinspritzer, Wasserkühlung
Hubraum:	12.760 ccm
B x H:	125 x 130 mm
Leistung:	256 PS (188 kW) bei 2500 U/min
Getriebe:	6-Gang
Bremsen:	2-Kreis-Druckluft
Höchstgeschw.:	120 km/h
Leergewicht:	ca. 11.200 kg
zul. Gesamtgew.:	16.000 kg
Reifen:	12 / 80 R 22,5 GV; hinten Zwilling
Radstand:	5400 mm
L x B x H:	11.300 x 2500 x 3200/3400 mm
Überhang v/h:	2700 / 3200 mm
Kofferraum:	ca. 8,0 / 8,5 m³
Kraftstofftank:	400 Liter
Anmerkungen:	Stückzahl: 31 Exemplare, Grundpreis 1983: DM 347.920,–

Drögmöller
E 310

Zum Bestseller unter den Zweiachsern avancierte der E 310 Superpullman mit bewährter Technik und Einzelradaufhängung vorne mit Doppelquerlenker, sowie DB-Aggregate. Ab 1980 erhielt auch das am meisten verkaufte Fahrzeug der E-Baureihe im Zuge der Typenpflege den größeren und stärkeren V8-Motor OM 422 eingebaut. Auf Wunsch gab es vordere Scheibenbremsen, Seitenscheibentönung „grün" oder „bronze" und Klimaanlage, die integriert oder in Aufdach-Ausführung (Höhe 3350 mm) angeboten wurde. Ebenso ließ sich der E 310 mit Hublift und mit Unterbringungsmöglichkeiten von Rollstühlen ausrüsten, in diesem Fall wurde dann der hintere Einstieg in breiter Ausführung erforderlich. Ab ca. 1985 E-Gasregulierung/Tempomat. Die Möglichkeit zur Ausführung als Wohnmobil nutzte ein Kunde, der das E 310-Wohnmobil mit dem 354-PS-Motor OM 422 A ausrüsten ließ.

Baureihe:	300
Modell/Typ:	E 310 Superpullman
Bauzeit:	1980-1987
Sitzplätze/-reihen:	47-59 / 12-14
Motor:	V8-Zyl.-Diesel, DB OM 422 Direkteinspritzer, Wasserk.
Hubraum:	14.618 ccm
B x H:	128 x 142 mm
Leistung:	280 PS (206 kW) bei 2300 U/min
Getriebe:	6-Gang
Bremsen:	Druckluft; Scheiben v. (Wunsch)
Höchstgeschw.:	120 km/h
Leergewicht:	ca. 11.300 kg
zul. Gesamtgew.:	16.000 kg; 16.800 kg (ab 1983)
Reifen:	12/80 R 22,5; ab `83: 295/80 R 22,5; hinten Zwilling
Radstand:	6100 mm
L x B x H:	12.000 x 2500 x 3200 mm
Überhang v/h:	2700 / 3200 mm
Kofferraum:	ca. 9,0 m³
Kraftstofftank:	400 Liter
Anmerkungen:	Stückzahl: 57 Exemplare, Grundpreis 1983: DM 359.050,–

Drögmöller
E 320

Den Trend zu stärkeren Motoren, höheren Geschwindigkeiten, und die Forderung nach steigendem Fahrkomfort beantwortete Drögmöller 1977 mit der Einführung einer neu entwickelten Doppelquerlenker-Einzelradaufhängung, mit der sich die Heilbronner von der starren Mercedes-Omnibusachse distanzierten. Im E 320 erprobt und schließlich voll genutzt, brachte die Eigenentwicklung nicht nur bessere Fahreigenschaften, ein Vorteil war auch der größere Radeinschlag der den Drögmöller-Reisebus bei kleinerem Wendekreis wendiger machte. Auch in der Antriebstechnik vollzog sich ab 1980 ein Generationswechsel durch den Einbau des Daimler-Benz V8-Direkteinspritzers OM 422. Nahezu die Hälfte (42 Exemplare) aller 88 gebauten E 320 Europullman-Hochdeckerbusse wurden jedoch mit der 330-PS-Turbo-Variante OM 422 A ausgeliefert. Grundsätzlich befand sich der zweite Fahrgast-Einstieg bei diesem 12-Meter-Hochdecker-Reiseomnibus vor der Hinterachse.

Baureihe:	300
Modell/Typ:	E 320 Europullman
Bauzeit:	1980-1988
Sitzplätze/-reihen:	47-59 / 12-14
Motor:	V8-Zyl.-Diesel, DB OM 422 Direkteinspritzer, Wasserkühlung
Hubraum:	14618 ccm
B x H:	128 x 142 mm
Leistung:	280 PS (205 kW) bei 2300 U/min
Getriebe:	6-Gang
Bremsen:	Druckluft
Höchstgeschw.:	120 km/h
Leergewicht:	ca. 11.500 kg
zul. Gesamtgew.:	16.000 kg; 16.800 kg ab 1982; 17.600 kg ab 1985
Reifen:	12/80R22,5 GV, hinten Zwilling 295/80R22,5 ab 1981
Radstand:	6100 mm
L x B x H:	12.000 x 2500/2300 x 3400 mm
Überhang v/h:	2700 / 3200 mm
Kofferraum:	ca. 12,0 m³
Kraftstofftank:	410 Liter
Anmerkungen:	Grundpreis 1983: DM 372.270,–

Drögmöller
E 280 / E 280 H

Mit dem E 280 Superpullman als Einstiegs-
größe in das Drögmöller-Programm erweiterte
die Heilbronner Karosseriefabrik ihre Modellpa-
lette um die 10-Meter-Klasse. Der kleinste
„Drögmöller" bot 35-47 Personen bequem
Platz und war in der Grundversion mit dem
Daimler-Benz V6-Zylindermotor der Baureihe
OM 421 mit 216 PS ausgestattet, konnte jedoch auf Wunsch mit dem V8-Motor OM 422
geliefert werden. In allen übrigen Details entsprach er in Technik und Design dem E 300.
Unverändert: die Stoßstange aus PU-Schaum
sowie der Lufteintritt über der Windschutzscheibe, die 1982 und dann nochmals 1988 leicht
überarbeitet wurde. Eine hohe Variante gab es
ab 1984. Von dem E 280 H Europullman mit
einer Fahrzeughöhe von 3400 mm, die zur
Vergrößerung des Kofferraums beitrug, wurden
insgesamt sieben Exemplare hergestellt. Allerdings endete Ende der 80er-Jahre die Fertigung der kleineren Pullman-Modelle, da ihr
Fertigungsaufwand dem der 12-Meter-Modelle
entsprach.

Baureihe:	300
Modell/Typ:	E 280 Superpullman / E 280 H Europullman
Bauzeit:	1981-1989
Sitzplätze/-reihen:	35-47 / 9-11
Motor:	V6-Zyl.-Diesel, DB OM 421, Direkteinspritzer, Wasserkühlung
Hubraum:	10.964 ccm
B x H:	128 x 142 mm
Leistung:	216 PS (159 kW) bei 2300 U/min
Getriebe:	6-Gang
Bremsen:	Zweikreis-Druckluft
Höchstgeschw.:	120 km/h
Leergewicht:	ca. 10.900 kg
zul. Gesamtgew.:	15.500 kg
Reifen :	295 / 80 R 22,5; hinten Zwilling
Radstand:	4750 mm
L x B x H:	9770 x 2500 x 3200/3400 mm
Überhang v/h:	1980 / 3040 mm
Kofferraum:	ca. 7,0-7,5 m³
Kraftstofftank:	330 Liter
Anmerkungen:	Stückzahl: 23 Exemplare, Grundpreis 1983: DM 300.240,–

Drögmöller
E 290 / E 290 H

Das um eine Sitzreihe verlängerte, ebenfalls 1981 neu eingeführte Modell E 290 mit dem Daimler-Benz V8-Motor OM 422, machte das Omnibusprogramm von Drögmöller komplett, das jetzt in allen wichtigen Größen und Längen für Zweiachser zu haben war. Beim E 290 gab es komfortablen Platz für 39 bis 51 Fahrgäste, denn je nach Sitzabstand (735-860 mm) konnte er mit zehn bis zwölf Sitzreihen bestückt werden. Auf Wunsch wurde eine Radstandverlängerung um 435 mm angeboten, die den jeweiligen Sitzabstand noch erhöhte. Die H-Version E 290 H mit der Fahrzeughöhe von 3400 mm kam bereits 1983 hinzu. Damit waren alle zweiachsigen Typen, außer E 310 und E 320, in zwei Fahrzeughöhen lieferbar. Ein Jahr zuvor, 1982, rollte der Mittelklasse-

Hochdecker zur Verbesserung des Fahrkomforts auf der neuen Reifendimension 295 / 80 R 22,5. Wie bei allen Drögmöller der neuen Generation war das Armaturenbrett kleiner, übersichtlicher und bedienungsfreundlicher

Ab 1984/85 besaß der Drögmöller E 290 H Europullman an den Außenseiten nur noch eine „Gürtel-Leiste" unterhalb der Seitenscheiben, die zur optischen Vergrößerung ein in passender „Scheibenfarbe" lackiertes Farbband erhielten.

geworden. Es gliederte sich nun in den Fahr- und Überwachungssektor, in den Prüf- und Testsektor sowie den Bedienungssektor.

Baureihe:	300
Modell/Typ:	E 290 Superpullman / E 290 H Europullman
Bauzeit:	1981-1988
Sitzplätze/-reihen:	39-51 / 10-12
Motor:	V8-Zyl.-Diesel, DB OM 422 Direkteinspritzer, Wasserkühlung
Hubraum:	14.618 ccm
B x H:	128 x 142 mm
Leistung:	280 PS (206 kW) bei 2300 U/min
Getriebe:	6-Gang
Bremsen:	2-Kreis-Druckluft
Höchstgeschw.:	120 km/h
Leergewicht:	ca. 11.000 kg
zul. Gesamtgew.:	16.000 kg
Reifen :	12 / 80 R 22,5 GV; hinten Zwilling
Radstand:	4985 mm
L x B x H:	10.560 x 2500 x 3200/3400 mm
Überhang v/h:	2535 / 3040 mm
Kofferraum:	ca. 7,5 / 8,0 m³
Kraftstofftank:	380 Liter
Anmerkungen:	Stückzahl: 26 Exemplare, Grundpreis 1983: DM 334.620,–

Drögmöller
E 320 L

Auf Kundenwunsch und versehen mit einer Sonderzulassung bot Drögmöller 1985 den E 320 Europullman speziell für den Export nach Schweden mit einer Fahrzeuglänge von 14,5 Metern an. Als E 320 L, das „L" stand für lang, unterschied sich der Hochdecker-Reiseomnibus äußerlich von der Zweiachs-Standard-Version durch eine dritte Achse und durch seinen um zwei auf insgesamt 16 Sitzreihen vergrößerten Fahrgastraum, in dem nunmehr Platz für 68 Fahrgäste war. Zur Verbesserung des Handlings griff Drögmöller bei der Auslegung des Fahrzeughecks auf die aus der Schweiz bekannte Fahrzeugbreite von 2,30 Meter zurück. Der Übergang der Fahrzeugbreite von 2,50 Meter auf 2,30 Meter begann beim E 320 L bei der letzten Seitenscheibe. Eine Neukonstruktion des Fahrerplatzheizsystems brachte zusätzlichen Stauraum für den Fahrer. Um auch extremer nordischer Kälte trotzen zu können, wurde der E 320 L, neben der Wasser- zusätzlich mit einer Luftheizung von Webasto ausgerüstet.

Baureihe:	300
Modell/Typ:	E 320 L Europullman
Bauzeit:	1985
Sitzplätze/-reihen:	56-68 / 16
Motor:	V8-Zyl.-Turbodiesel, OM 422 A Direkteinspritzer, Wasserkühlung
Hubraum:	14.618 ccm
B x H:	128 x 142 mm
Leistung:	330 PS (243 kW) bei 2300 U/min
Getriebe:	8-Gang
Bremsen:	2-Kreis-Druckluft
Höchstgeschw.:	120 km/h
Leergewicht:	ca. 15.500 kg
zul. Gesamtgew.:	23.500 kg
Reifen:	295 / 80 R 22,5; hinten Zwilling
Radstand:	6500 + 1250 mm
L x B x H:	14.500 x 2500 x 3400 mm
Überhang v/h:	3250 / 3500 (4750) mm
Kofferraum:	ca. 15 m³
Kraftstofftank	600 Liter
Anmerkungen:	Stückzahl: 2 Exemplare

Drögmöller E 310

Zehn Jahre nach seiner Markteinführung erhielt der E 310 Superpullman 1987 mit dem 290- oder mit dem 354-PS-Turbolader-V8-Motor OM 442 / 442 A seine, wie sich herausstellen sollte, letzte Motorenänderung. Die wichtigste Verbesserung war sicherlich die Kraftstoffersparnis und Laufruhe, die aus der niedrigeren Nenndrehzahl resultierte. In Verbindung mit der neuen DB-Hinterachse sorgten die neuen Daimler-Benz-Motoren für eine Optimierung des Antriebsstranges. Zwar brachte die leichte Design-Retusche ab etwa 1988 auch dem E 310 eine stärker geneigte Windschutzscheibe, doch konnte auch er nicht verhindern, dass er im Zuge einer Typenreduzierung wegen geringer Nachfrage 1990 aus dem Programm genommen werden musste. Seit 1977 hatten insgesamt 99 der 14-Reiher-Zweiachser die Produktionshallen im Heilbronner Industriegebiet verlassen.

Baureihe:	300
Modell/Typ:	E 310 Superpullman
Bauzeit:	1987-1990
Sitzplätze/-reihen:	49-57 / 12-14
Motor:	V8-Zyl.-Diesel, DB OM 422 Direkteinspritzer, Wasserkühlung
Hubraum:	15.078 ccm
B x H:	130 x 142 mm
Leistung:	290 PS (213 kW) bei 2100 U/min
Getriebe:	6-Gang
Bremsen:	Druckluft; Scheiben v. (Wunsch)
Höchstgeschw.:	120 km/h
Leergewicht:	ca. 11.300 kg
zul. Gesamtgew.:	17.600 kg
Reifen :	295/80 R 22,5; hinten Zwilling
Radstand:	6100 mm
L x B x H:	12.000 x 2500/2300 x 3200 mm
Überhang v/h:	2700 / 3200 mm
Kofferraum:	ca. 9,0 m³
Kraftstofftank:	400 Liter
Anmerkungen:	Stückzahl: 5 Exemplare

Drögmöller E 320

Die dritte Motorvariante seit der Markteinführung Mitte der 70er-Jahre bescherte dem
Europullman-Hochdeckermodell E 320 im
Jahre 1988 einen weiteren Leistungszu-
wachs. Mit dem 354-PS-V8-Turboladermotor
OM 442 A ausgestattet, sowie in Technik und
Ausstattung an den aktuellen Drögmöller-Stan-
dard angepasst, blieb der E 320, trotz notwen-
diger Typenreduzierung als letzter Vertreter der
Pullman-Familie mit der typischen waagrechten Fensterunterkante bis in die 90er-Jahre hin-
ein im Programm. Anstelle der Mercedes-Benz-
Maschine ließ sich der E 320 Hochdecker auf
Wunsch auch mit dem gleichstarken MAN-
Triebwerk 2866 LXOH ausrüsten. Modifiziert
wurde auch die Vorderpartie, die sich durch
eine um fünf Grad nach hinten geneigten
Windschutzscheibe auszeichnete. Neu: Jetzt
wurden alle Drögmöller-Fahrzeuge mit mitten-
zentrierten anstelle der bisherigen bolzenzen-
trierten Felgen ausgeliefert.

Baureihe:	300
Modell/Typ:	E 320 Europullman
Bauzeit:	1988-1991
Sitzplätze/-reihen:	49-57 / 12-14
Motor:	V8-Zyl.-Turbodiesel, OM 442 A Direkteinspritzer, Wasserkühlung
Hubraum:	14.618 ccm
B x H:	128 x 142 mm
Leistung:	354 PS (260 kW) bei 2100 U/min
Getriebe:	6-Gang ZF 6 S 150 C (Crowler)
Bremsen:	Druckluft
Höchstgeschw.:	120 km/h
Leergewicht:	ca. 12.100 kg
zul. Gesamtgew.:	17.600 kg
Reifen :	295/80 R 22,5; hinten Zwilling
Radstand:	6100 mm
L x B x H:	12.000 x 2500 x 3400 mm
Überhang v/h:	2700 / 3200 mm
Kofferraum:	ca. 12,0 m³
Kraftstofftank:	410 Liter
Anmerkungen:	Stückzahl: 46 Exemplare

Drögmöller
E 320

1992 wurde der seit 1974 im Modellprogramm von Drögmöller geführte E 320 Europullman letztmalig überarbeitet. Der Zweiachs-
Hochdecker zeigte sich jetzt auch mit der neu
gestalteten, leicht nach hinten geneigten Frontpartie. Auch wurde er auf den Daimler-Benz
V8-Motor OM 402 LA umgestellt, da dieser die
Emissionsgrenzwerte nach Euro I erfüllte. Der
Turbodiesel mit Ladeluftkühlung hatte ein Hub-
volumen von 12.763 ccm und leistete 381 PS
(280 kW). Die technischen Besonderheiten
umfassten die Anti-Blockier-Einrichtung (ABS),
die Antriebsschlupfregelung (ASR) sowie die
Elektronische Motor-Steuerung (EMS). Als sich
1993 der E 320 Europullman-Hochdeckerbus
aus dem Verkaufsprogramm verabschiedete,
stand sein Nachfolger bereits in den Start-
löchern: der moderne, konventionell konstruierte Hochdecker-Kombibus E 325.

Baureihe:	300
Modell/Typ:	E 320 Europullman
Bauzeit:	1992-1993
Sitzplätze/-reihen:	49-57 / 12-14
Motor:	V8-Zyl.-Turbodiesel, OM 402 LA Direkteinspritzer, Ladeluftkühlung
Hubraum:	12.763 ccm
B x H:	125 x 130 mm
Leistung:	381 PS (280 kW) bei 2100 U/min
Getriebe:	6-Gang GO 4 / 160-6 (DB)
Bremsen:	Druckluft,
Höchstgeschw.:	120 km/h
Leergewicht:	ca. 12.200 kg
zul. Gesamtgew.:	17.600 kg
Reifen:	295/80 R 22,5; hinten Zwilling
Radstand:	6100 mm
L x B x H:	12.000 x 2500 x 3400 mm
Überhang v/h:	2700 / 3200 mm
Kofferraum:	ca. 12,0 m³
Kraftstofftank:	410 Liter
Anmerkungen:	Stückzahl: 5 Exemplare

Drögmöller
E 325

Mit dem 12-Meter-Hochdecker E 325 Europullman (er löste den Erfolgstyp E 320 ab), stieg
Drögmöller in das Marktsegment der Kombi-
busse ein. Zwar hatte der konventionell konstruierte Zweiachser keine aufsteigende Sitzan-
ordnung, dafür aber das neue Drögmöller-Ka-
rosseriedesign mit der dynamischen, strö-
mungsgünstig geformten Vorderpartie und mit
den beeindruckend aussehenden Integral-
Außenspiegeln in „Fühleroptik". Die Ausstattung und Bestuhlung reichte vom gehobenen
Überlandbus bis zum Luxus-Fernreisebus. In
der Überlandvariante bot Drögmöller den
Hochdecker mit Kinderwagenstellplatz, niedri-
gerer Stufenhöhe von ca. 250 mm, mit um ca.
200 mm breiterem Einstieg und ca. 20 Steh-
plätzen an. Bei der Wandlung zum Viersterne

Luxus-Fernreisebus war der E 325 mit Tempo-
mat, Klimaanlage mit Fahrerplatz-Verdampfer,
Stabilisator an der Vorder- und Hinterachse,
Fahrzeughöhenverstellung, Retarder, ASR, AVS-

Drögmöller E 325 Luxusliner, unten mit der Europullman-typischen, waagrechten Seitenfenster-Linienführung. Ein geschicktes Lackierdesign sollte die optische Verbindung zur begehrten, schräg ansteigenden Comet-Linie schaffen.

Schalthilfe, mit Kühlschrank, Toilette, Küche, Doppelverglasung, Fahrerschlafkabine und mit einem Zusatztank von 160 Litern ausgestattet.

Baureihe:	300
Modell/Typ:	E 325 Europullman
Bauzeit:	1993-1995
Sitzplätze/-reihen:	57 max. / 14 (+ Reiseleiter)
Motor:	V8-Zyl.-Turbodiesel, OM 402 LA Direkteinspritzer, Ladeluftkühler
Hubraum:	12.760 ccm
B x H:	125 x 130 mm
Leistung:	381 PS (280 kW) bei 2100 U/min
Getriebe:	8-Gang (ZF 8 S 180), AVS (Wunsch)
Bremsen:	2-Kreis mit Retarder
Höchstgeschw.:	120 km/h
Leergewicht:	ca. 12.200 kg
zul. Gesamtgew.:	18.000 kg
Reifen :	295 / 80 R 22,5; hinten Zwilling
Radstand:	6100 mm
L x B x H:	12.000 x 2500 x 3430 mm
Überhang v/h:	2700 / 3200 mm
Kofferraum:	ca. 12,7 m³
Kraftstofftank:	400 Liter
Anmerkungen:	Stückzahl: 14 Exemplare

Mercedes-Benz O 307

Das selbsttragende 11,7-Meter-Unterflur-Fahrgestell des Mercedes-Benz O 307 Überlandlinienbusses mit seinem 11,5-Liter V6-Unterflurheckdiesel von 240 PS bildete die Basis für dieses Spezialfahrzeug. Waren die Omnibusse der Heilbronner Karosseriefabrik zu dieser Zeit ganz auf den boomenden Reisemarkt ausgerichtet, so erschloss sich dieser Drögmöller-Aufbau einen weiteren Kundenkreis: Handel, Gewerbe und Industrie diente er als Plattform für Repräsentation und Verkaufsförderung. Egal, ob es sich um ein Spezial-Fahrzeug des Fernsehens oder um ein mobiles Musterstudio der Schuhindustrie, ausgestattet mit Regalfächern im gesamten Innenraum handelt, dieser Drögmöller-Aufbau dokumentierte beste handwerkliche Arbeit. Als Spezialausrüstung war die Elektrik entweder für „Landanschluss" oder Eigennetzbetrieb mit Notstrom-Aggregat ausgelegt. Eine Abstützanlage mit Hydraulik für die Fahrzeug-Nivellierung gehörte ebenfalls dazu.

Baureihe:	Mercedes-Benz
Modell/Typ:	O 307
Bauzeit:	1974-1980
Sitzplätze/-reihen:	Fahrer- und Reiseleitersitz
Motor:	V6-Zyl.-Diesel, Direkteinspritzer, DB OM 407 h, Wasserkühlung
Hubraum:	11.412 ccm
B x H:	125 x 155 mm
Leistung:	240 PS (177 kW) bei 2200 U/min
Getriebe:	5-Gang
Bremsen:	2-Kreis-Druckluft
Höchstgeschw.:	110 km/h
Leergewicht:	ca. 12.100 kg
zul. Gesamtgew.:	14.960 kg
Reifen :	10.00-20 PR 16; hinten Zwilling
Radstand:	6000 mm
L x B x H:	11.700 x 2500 x 3200 mm
Überhang v/h:	2600 / 3100 mm
Kofferraum:	ca. 3,0 m³
Kraftstofftank:	310 Liter
Anmerkungen:	Stückzahl: 11 Exemplare,

Steinwinter Prototyp

Auf der IAA 1983 erregte eine fahrbereite Fahrzeugstudie großes Aufsehen: das Steinwinter-Raumfahrzeug, als fortschrittliches Nutzfahrzeugsystem mit vielfältigen Einsatzmöglichkeiten und zukunftsweisender Spitzentechnik im Nutzfahrzeugbau. Das Qualitäts- und Produktions-Know-How zu dieser Steinwinter-Idee kam vom Heilbronner Omnibuswerk Drögmöller. Dort entstand ein Prototyp, der als Träger- und Zugfahrzeug durch sein futuristisches Design mit Unterflur-Cockpit und durch seine geringe Fahrzeughöhe von lediglich 1,17 Meter auffiel. Angetrieben wurde der bei Drögmöller hergestellte Prototyp von dem Daimler-Benz V8-Turbomotor OM 422 LA, der dank verstärkter Ladeluftkühlung und hydrostatischer Hochleistungskühlung 375 PS leistete. Das Träger- und Zugfahrzeug besaß Luftfederung und bekam vorne die Drögmöller-Einzelradaufhängung, hinten die zwillingsbereifte MB-Planetenachse mit Differenzialsperre. Vorne und hinten

war eine Anhängerkupplung vorgesehen, wobei die hintere Traverse so ausgelegt war, dass ohne Veränderung eine Schwerlastkupplung angebracht und so für den Zugmaschinenbetrieb genutzt werden konnte.

Baureihe:	Steinwinter Prototyp
Modell/Typ:	Träger- und Zugfahrzeug
Bauzeit:	1983
Motor:	V8-Zyl.-Turbodiesel, OM 422 LA Direkteinspritzer, Ladeluftkühler
Hubraum:	14.618 ccm
B x H:	128 x 142 / mm
Leistung:	375 PS (275 kW)
Getriebe:	ZF Ecosplit 16 Gang
Bremsen v/h:	Scheiben / Trommel, Druckluft
Höchstgeschw.:	ca. 120 km/h
zul. Gesamtgew.:	16.000 kg
Reifen :	315 / 75 R 22,5; hinten Zwilling
Radstand:	3000 mm
L x B x H:	6500 x 2500 x 1170 mm
Kraftstofftank:	420 Liter

Mercedes-Benz O 404 DD

Auf der Nutzfahrzeug-IAA 1992 in Hannover war auf dem Messestand von Daimler-Benz ein Fahrzeug zu sehen, das sowohl in Fachkreisen als auch beim Publikum großes Interesse erregte: Der O 404 DD, ein dreiachsiger Fernreise-Doppelstock-Omnibus in Viersterne-Ausführung, den Drögmöller, unabhängig von seinem eigenen Busprogramm, im Auftrag von Daimler-Benz fertigte. Schon äußerlich wurde der Anklang an den O 404 deutlich. Das profilierte Stahlband, die „Facette", zog sich von der Vordertür bis zum Heck an beiden Seiten durch. Während die Fensterfront des Unterdecks ein rechteckiges Glasband mit geklebten Scheiben war, wölbte sich die erste Seitenscheibe des Oberdecks elegant in den Vorbau und bildete so einen sehr gelungenen Übergang. Der Dreiachser wurde mit dem V8-Tur-

bodiesel mit Ladeluftkühlung OM 442 LA ausgerüstet. Er leistete in Euro II-Ausführung be-

Mercedes-Benz O 404
DD Doppeldecker-Fern-
reiseomnibus 1992.
Mit diesem Prototyp
bewiesen die Heilbronner
Karosserie-Stylisten große
handwerkliche Fähig-
keiten bei hoher Qualität.

achtliche 503 PS (370 kW). Der Wagen blieb
ein Einzelstück.

Baureihe:	Mercedes-Benz
Modell/Typ:	O 404 DD
Bauzeit:	1992
Sitzplätze/-reihen:	64 / (OD 13/11), (UD 4/4)
Motor:	V8-Zyl.-Turbodiesel, OM 442 LA Direkteinspritzer, Ladeluftkühler
Hubraum:	14.618 ccm
B x H:	128 x 142 mm
Leistung:	503 PS (370 kW) bei 2100 U/min
Getriebe:	DB GO 210-8 / 11,5 mit EPS
Bremsen:	2-Kreis-Druckluft
Höchstgeschw.:	120 km/h
Leergewicht:	ca. 18.000 kg
zul. Gesamtgew.:	24.000 kg
Reifen v/h :	315/80R22,5; hinten Zwilling
Radstand:	5600 + 1300mm
L x B x H:	12.000 x 2500 x 4000 mm
Überhang v/h:	2495 / 2600 mm
Kofferraum:	ca. 10 m³
Kraftstofftank:	530 Liter

Mercedes-Benz
O 303 / 9 R

Aus der erfolgreichen Mercedes-Benz O 302-Baureihe weiterentwickelt, präsentierte sich als Nachfolger Mitte der 70er Jahre die neue Reisebusgeneration O 303. Damit vollzog sich auch in Heilbronn ein Generationswechsel, denn auf der modernen wie technisch aktuellen O 303-Bodengruppe ließen sich in Verbundbauweise Drögmöller-eigene, verschieden hohe Karosserien mit unterschiedlichen Längen für neun bis 15 Sitzreihen setzen. Den Anfang machte der kleine, nur 8,7 Meter lange O 303/9 R mit sieben bis neun Sitzreihen für 31 bis 39 Fahrgastsitzen. Die Vorderfront dieser O 303-orientierten Drögmöller-Pullman-Typen mit Mercedes-Stern, Rechteckscheinwerfern und der geteilten Windschutzscheibe entsprach dem Mercedes-Styling. Zum charakteristischen Markenzeichen dieser neuen Drögmöller-Karosserie-Generation avancierten jedoch die vorderen Fünfeckfenster an den Seitenflächen mit auffallender Kontrastfarben-Lackierung.

Baureihe:	Mercedes-Benz
Modell/Typ:	O 303 / 9 R
Bauzeit:	1975-1978
Sitzplätze/-reihen:	31-39 / 9 max. (+ Reiseleiter)
Motor:	V6-Zyl.-Diesel, Direkteinspritzer, DB OM 401, Wasserkühlung
Hubraum:	9570 ccm
B x H:	125 x 130 mm
Leistung:	192 PS (141 kW) bei 2500 U/min
Getriebe:	6-Gang
Bremsen:	2-Kreis, Hydraulik mit Druckluft
Höchstgeschw.:	116 km/h
Leergewicht:	9100 kg
zul. Gesamtgew.:	12.800 kg
Reifen :	10 R 22,5; hinten Zwilling
Radstand:	4150 mm
L x B x H:	8728 x 2500 x 3100 mm
Überhang v/h:	2040 / 2538 mm
Kofferraum:	ca. 4,5 m³
Kraftstofftank:	230 Liter
Anmerkungen:	Stückzahl: 9 Exemplare

Mercedes-Benz O 303 / 10 R (11 R)

Auf der Mercedes-Benz O 303-Bodengruppe setzte der 10 R das 1975 neu auf den Markt gebrachte Drögmöller-Pullman-Programm fort. War die Vorgängerbaureihe O 302 noch mit Sechszylinder-Reihenmotoren ausgerüstet, so kamen jetzt V6-Zylinder-Motoren der neuen Kompaktbaureihe OM 400 mit 192 PS Leistung zum Einbau. Sie eigneten sich wegen ihrer gedrungenen Bauweise besonders für den Einsatz als Heckmotor und trugen somit zur besseren Gestaltung des hinteren Überhangs bei. Ein synchronisiertes ZF-Sechsganggetriebe übertrug die Antriebsenergie auf die Hypoid-Triebachse. Die Luftfederung an den Starrachsen wurde durch ein aufwändiges Ausgleichssystem weiterentwickelt. Große, hohe Kofferräume, keine Radkästen im Fahrgastraum, großer Sitzabstand, raumsparende Komfort-Einbauten und eine attraktive, mehrfarbige Lackierung zählten zu den besonderen Merkmalen des Drögmöller-Pullman O 303 / 10 R.

Baureihe:	Mercedes-Benz
Modell/Typ:	O 303 / 10 R
Bauzeit:	1975-1978
Sitzplätze/-reihen:	35-43 / 10 max. (+ Reiseleiter)
Motor:	V6-Zyl.-Diesel, Direkteinspritzer, DB OM 401, Wasserkühlung
Hubraum:	9570 ccm
B x H:	125 x 130 mm
Leistung:	192 PS (141 kW) bei 2500 U/min
Getriebe:	6-Gang
Bremsen:	2-Kreis, Hydraulik mit Druckluft
Höchstgeschw.:	116 km/h
Leergewicht:	ca. 9200 kg
zul. Gesamtgew.:	12.800 kg
Reifen :	10 R 22,5; hinten Zwilling
Radstand:	4520 mm
L x B x H:	9290 x 2500 x 3100 mm
Überhang v/h:	2040 / 2730 mm
Kofferraum:	ca. 5,5 m³
Kraftstofftank:	230 Liter
Anmerkungen:	Stückzahl: 10 Exempl., auch als O 303 / 11 R (1 Ex.)

Mercedes-Benz O 303 / 12 R

Während die kleineren 9 R- und 10 R-Typen mit dem 192-PS-V6-Zylinder-Motor OM 401 ausgerüstet wurden, kam bei den mittleren und großen Versionen des Drögmöller-Pullman O 303 der V8-Zylinder OM 402 mit 12,7 Liter Hubraum zum Einbau. Ab dem O 303/12R leistete das Kraftpaket 256 PS, ausgestattet mit Direkteinspritzung und Wasserkühlung. Serienmäßig wurde die neue Pullman-Karosserie mit Einfachverglasung im PVC-Rahmen angeboten. Wer auf beschlagfreie Seitenscheiben Wert legte, bekam diese auf Wunsch als einvulkanisierte Doppelverglasung (Drögmöller-System / Solbit) eingebaut. Ab 1976/77 gab es das Scheibenpaket „Climavit", das eingeklebt wurde. Durch den hoch gelegten Fußboden verwandelte sich das Unterdeck des Drögmöller-Pullman zu einem riesigen Kofferraum, dessen Kofferklappen, versehen mit innenliegenden Scharnieren (Drögmöller-Patent), sich in waagrechter oder hochgeklappter Position arretieren ließen.

Baureihe:	Mercedes-Benz
Modell/Typ:	O 303 /12 R
Bauzeit:	1975-1978
Sitzplätze/-reihen:	43-49 / 12 max. (+ Reiseleiter)
Motor:	V8-Zyl.-Diesel, Direkteinspritzer, DB OM 402, Wasserkühlung
Hubraum:	12.675 ccm
B x H:	125 x 130 mm
Leistung:	256 PS (188 kW) bei 2500 U/min
Getriebe:	6-Gang
Bremsen:	2-Kreis-Druckluft
Höchstgeschw.:	120 km/h
Leergewicht:	ca. 10.300 kg
zul. Gesamtgew.:	14.000 kg
Reifen :	11 R 22,5; hinten Zwilling
Radstand:	5083 mm
L x B x H:	10.223 x 2500 x 3100 mm
Überhang v/h:	2040 / 3100 mm
Kofferraum:	ca. 6,5 m³
Kraftstofftank:	230 Liter
Anmerkungen:	Stückzahl: 14 Exemplare

Mercedes-Benz
O 303 / 13 R

Den Drögmöller-Pullman O 303/13R gab es, wie alle anderen O 303-Varianten, in der „Schweizer Breite" von 2,30 Meter, die jedoch die Verwendung von Trilex-Felgen notwendig machte, da erst so die Breite von 2300 mm über die Vorderachse möglich wurde. Wie üblich, konnte der Kunde unter verschiedenen Karosserie-Ausstattungen wählen: Vollbestuhlung (53 Fahrgastsitze) mit Heckeinstieg, Mitteleinstieg (kein Sitz im Einstieg) mit Garderobe und Kühlschrank, sowie mit Toilette und Kühlschrank im Mitteleinstieg. Serienmäßig war die geschlossene Gepäckablage mit Luftdüsen und Leseleuchten. Lautsprecher und Beleuchtung waren abwechselnd in den Haltern untergebracht. Die vom Fahrer per Fernbedienung zu betätigenden Außenschwingtüren nutzten die ganze Breite des Einstiegs und ließen sich durch eine Einrastautomatik dicht und fest verschließen. Sonderausstattung: Telma-Wirbelstrombremse. Das synchronisierte ZF-6-Ganggetriebe wurde auf Wunsch mit Voith-Retarder angeboten.

Baureihe:	Mercedes-Benz
Modell/Typ:	O 303 / 13 R
Bauzeit:	1975-1978
Sitzplätze/-reihen:	53 / 13 max.(+ Reiseleiter)
Motor:	V8-Zyl.-Diesel, Direkteinspritzer, DB OM 402, Wasserkühlung
Hubraum:	12.675 ccm
B x H:	125 x 130 mm
Leistung:	256 PS (188 kW) bei 2500 U/min
Getriebe:	6-Gang
Bremsen:	2-Kreis-Druckluft
Höchstgeschw.:	120 km/h
Leergewicht:	ca. 10.500 kg
zul. Gesamtgew.:	14.800 kg
Reifen:	12 R 22,5; hinten Zwilling
Radstand:	5381 mm
L x B x H:	10.606 x 2500 x 3100 mm
Überhang v/h:	2040 / 3185 mm
Kofferraum:	ca. 7,0 m³
Kraftstofftank:	230 Liter
Anmerkungen:	Stückzahl: 16 Exemplare

Mercedes-Benz O 303 / 14 R

Mit einer Gesamtlänge von rund 11,4 Metern zählte der 14 R zu den großen Vertretern der O 303-Baureihe, die im Baukastensystem entstanden und sich durch die Anzahl der Seitenscheiben und deren Länge von einander unterschied. Im Gegensatz zu den Drögmöller-eigenen E-Typen mit der markanten, einteiligen Frontscheibe, entsprach die Vorderfront der auf der O 303-Bodengruppe aufgebauten Pullman-Karosserie noch dem Original-Mercedes-Styling. Durch den angehobenen, leicht nach hinten ansteigenden Wagenboden stand beim 14 R mit 7,7 m³ ein wesentlich größerer Kofferraum zur Verfügung, gleichzeitig konnte dadurch die Aussichtsmöglichkeit für die Fahrgäste verbessert werden. Da der Fahrgast in der Regel den Komfort eines Reisebusses nach den Sitzen beurteilt, konnte auch der Drögmöller-Pullman O 303/14R mit bequemen Schlafsessel-Sitzen mit optimierter Formgebung ausgestattet werden. Sie ließen sich zudem auf

Kugelschienen seitlich verschieben. Als Besonderheit verfügten sie, dank der Spezial-Scharniere, über verstellbare Rückenlehnen.
Den eleganten Drögmöller-Pullman-Reiseomnibus mit der neuen Lackierung und dem vorderen Fünfeck-Fenster gab es mit Heck- oder

breitem Mitteleinstieg, der sich besonders für den Einbau einer Toilette anbot. Zur Wahl standen die Ein- oder Zweiflügeltüren als Außenschwingtüren mit Einrastautomatik für dichtes und festes Verschließen.

Baureihe:	Mercedes-Benz
Modell/Typ:	O 303 / 14 R
Bauzeit:	1975-1978
Sitzplätze/-reihen:	57 / 14 max. (+ Reiseleiter)
Motor:	V8-Zyl.-Diesel, Direkteinspritzung, DB OM 402, Wasserkühlung
Hubraum:	12.675 ccm
B x H:	125 x 130 mm
Leistung:	256 PS (188 kW) bei 2500 U/min
Getriebe:	6-Gang
Bremsen:	2-Kreis-Druckluft
Höchstgeschw.:	120 km/h
Leergewicht:	ca. 10.900 kg
zul. Gesamtgew.:	15.600 kg
Reifen :	12 R 22,5; hinten Zwilling
Radstand:	5623 mm
L x B x H:	11.343 x 2500 x 3100 mm
Überhang v/h:	2585 / 3150 mm
Kofferraum:	ca. 7,5 m³
Kraftstofftank:	350 Liter
Anmerkungen:	Stückzahl: 46 Exemplare

Mercedes-Benz O 303 / 15 R

Der 12-Meter-Drögmöller-Pullman 15 R Hochdecker mit seiner charakteristischen Fensterpartie rundete das erfolgreiche Omnibus-Programm auf der Mercedes-Benz O 303-Bodengruppe nach oben ab. Mit seiner mehrfarbigen Lackierung und dem Fünfeckfenster avancierte dieser elegante Reiseomnibus zum Verkaufsschlager: Von dem O 303/15R konnten die Heilbronner immerhin 133 Exemplare im In- und Ausland verkaufen. Aus der großen Anzahl von Ausrüstungsvarianten, die dem Drögmöller-Pullman von Anfang an eine große Bandbreite verliehen, stach die Doppelverglasung (Drögmöller-System / Solbit) für beschlagfreie Seitenscheiben besonders hervor. Auch der hydraulische Voith-Retarder oder die Telma-Wirbelstrom-Zusatzbremse zur Verbesserung der Fahrsicherheit gehörten zu den Besonderheiten dieser Variante, die auch mit Mittel- oder mit Heckeinstieg geliefert werden konnte. Für Handel und Gewerbe bot Drögmöller den 12-Meter-O 303 als Sonderfahrzeug mit großem Präsentationsraum an.

Baureihe:	Mercedes-Benz
Modell/Typ:	O 303 / 15 R
Bauzeit:	1975-1978
Sitzplätze/-reihen:	61 / 15 max. (+ Reiseleiter)
Motor:	V8-Zyl.-Diesel, Direkteinspritzer, DB OM 402, Wasserkühlung
Hubraum:	12.675 ccm
B x H:	125 x 130 mm
Leistung:	256 PS (188 kW) bei 2500 U/min
Getriebe:	6-Gang
Bremsen:	2-Kreis-Druckluft
Höchstgeschw.:	120 km/h
Leergewicht:	ca. 11.200 kg
zul. Gesamtgew.:	16.000 kg
Reifen:	12 R 22,5; hinten Zwilling
Radstand:	6330 mm
L x B x H:	12.000 x 2500 x 3100 mm
Überhang v/h:	2535 / 3125 mm
Kofferraum:	ca. 8,5 m³
Kraftstofftank:	350 Liter
Anmerkungen:	Stückzahl: 133 Exemplare

Mercedes-Benz O 303 / DR 9

Ende der 70er Jahre schloss sich der Kreis bei den Omnibusaufbauten auf Basis des Mercedes-Benz Fahrgestells O 303: Zur Anhebung der Exklusivität dieser Modelle, die ohnehin einen Fertigungsanteil von etwa 50 Prozent aufwiesen, wurde die Frontpartie dieser Omnibusse dem Drögmöller-Styling mit der großen, tief heruntergezogenen, einteiligen Windschutzscheibe aus Zweischichtglas angeglichen. Nun war nur noch der Mercedes-Stern im Kühlergrill der Vorderfront einziges Unterscheidungsmerkmal dieser O 303-orientierten Drögmöller-Typen. Im Gegensatz zu dem 1975 erstmals auf den Markt gekommenen O 303/9R, verfügte sein Nachfolger, der jetzt als O 303/DR 9 Pullman bezeichnet wurde, über den 216 PS starken Daimler-Benz V6-Zylinder-Dieseleinspritzer OM 421, der ebenfalls im Heck eingebaut war. Der O 303/DR 9 konnte mit Mittel- oder Heckeinstiegtür geordert werden und war das kleinste im mittlerweile auf insgesamt 15 verschiedene Modelle angewachsenen Omnibus-Programm von Drögmöller.

Baureihe:	Mercedes-Benz
Modell/Typ:	O 303 / DR 9 Pullman
Bauzeit:	1979-1984
Sitzplätze/-reihen:	27-39 / 7-9
Motor:	V6-Zyl.-Diesel, Direkteinspritzer, Wasserkühlung, DB OM 421
Hubraum:	10.960 ccm
B x H:	128 x 142 mm
Leistung:	216 PS (159 kW) bei 2300 /min
Getriebe:	6-Gang
Bremsen:	2-Kreis, Hydraulik mit Druckluft
Höchstgeschw.:	116 km/h
Leergewicht:	ca. 9100 kg
zul. Gesamtgew.:	12.800 kg
Reifen:	10 R 22,5; hinten Zwilling
Radstand:	4150 mm
L x B x H:	8730 x 2500/2300 x 3200 mm
Überhang v/h:	2040 / 2540 mm
Kofferraum:	ca. 4,5 m³
Kraftstofftank:	230 Liter
Anmerkungen:	Stückzahl: 8 Exemplare, Grundpreis 1983: DM 272.380,–

Mercedes-Benz O 303 / DR 10

Auch der 9,29 Meter lange O 303/DR 10 erhielt ab 1979 das charakteristische Design der Front- und Heckpartie. Der neue Drögmöller-Reisebus war jetzt 10 cm höher als sein Vorgänger und verfügte nun über einen wesentlich größeren Kofferraum. Modifiziert zeigte sich auch die Pullman-Karosserie mit diversen Änderungen. So z.B. an den Radausschnitten, wo jetzt anstelle von Kotflügeln moderne Gfk-Radlauf-Verkleidungen mit Alu-Schutzleisten traten. Serienmäßiger Standard war die Einfachverglasung in PVC-Rahmen der Seitenscheiben. Neu waren die mit Parsolbronze behandelten Doppelscheiben aus Climavit-Isolierglas (auf Wunsch), die eine wesentlich verbesserte wärmedämmende Wirkung aufwiesen. Das ZF-6-Gang-Getriebe konnte mit einer pneumatisch betätigten Gruppenschaltung erweitert werden. Einbauten von Wandlerschaltkupplungen oder Automatgetrieben waren ebenfalls möglich.

Baureihe:	Mercedes-Benz
Modell/Typ:	O 303 / DR 10 Pullman
Bauzeit:	1979-1984
Sitzplätze/-reihen:	31-43 / 8-10
Motor:	V6-Zyl.-Diesel, Direkteinspritzer, Wasserkühlung, DB OM 421
Hubraum:	10.960 ccm
B x H:	128 x 142 mm
Leistung:	216 PS (159 kW) bei 2300 U/min
Getriebe:	6-Gang
Bremsen:	2-Kreis, Hydraulik mit Druckluft
Höchstgeschw.:	116 km/h
Leergewicht:	ca. 9200 kg
zul. Gesamtgew.:	12.800 kg
Reifen :	10 R 22,5; hinten Zwilling
Radstand:	4520 mm
L x B x H:	9290 x 2500/2300 x 3200 mm
Überhang v/h:	2040 / 2730 mm
Kofferraum:	ca. 5,5 m³
Kraftstofftank:	230 Liter
Anmerkungen:	Stückzahl: 13 Exemplare, Grundpreis 1983: DM 279.280,–

Mercedes-Benz O 303 / DR 12

Während die beiden kleineren Versionen (DR 9 und DR 10) der ab 1979 modifizierten O 303-Baureihe mit dem 216-PS-V6-Zylinder OM 421 ausgestattet waren, kam ab dem O 303 / DR 12 der 12,7-Liter OM 402 zum Einbau. Allerdings nur bis 1981, denn ab diesem Zeitpunkt stellte Drögmöller seine gesamte Programmpalette vom V8-Motor OM 402 auf den V8-Motor OM 422 um. Wie alle anderen Versionen der ab 1979 modifizierten Drögmöller-Aufbauten auf dem Mercedes-Benz Chassis O 303, war das gesamte Fahrzeug in selbsttragender Gitterbauweise hergestellt; Vierkant-Stahlrohre schutzgasverschweißt. Auch besaßen nun alle Drögmöller-Busse serienmäßig eine separate Fahrertür auf der linken Seite. Neu war der Anbau eines abschließbaren Schrankes im Türunterteil. Die Türscheibe war auf Wunsch beheizbar, ebenfalls auf Wunsch gab es einen Fensterheber mit motorischem Antrieb.

Baureihe:	Mercedes-Benz
Modell/Typ:	O 303 / DR 12 Pullman
Bauzeit:	1979-1984
Sitzplätze/-reihen:	35-47 / 9-11
Motor:	V8-Zyl.-Diesel, Direkteinspritzer, DB OM 402, ab 81: DB OM 422
Hubraum:	12.760 ccm / 14.618 ccm
B x H:	125 x 130 mm / 128 x 142 mm
Leistung:	256/280 PS (188/206 kW) 2500/2300
Getriebe:	6-Gang
Bremsen:	2-Kreis-Druckluft
Höchstgeschw.:	120 km/h
Leergewicht:	ca. 10.400 kg
zul. Gesamtgew.:	14.000 kg
Reifen:	11 R 22,5; hinten Zwilling
Radstand:	5083 mm
L x B x H:	10.220 x 2500/2300 x 3200 mm
Überhang v/h:	2040 / 3100 mm
Kofferraum:	ca. 6 m³
Kraftstofftank:	230 Liter
Anmerkungen:	Stückzahl: 10 Exemplare

Mercedes-Benz O 303 / DR 13

Von Anfang an zeichneten sich die Drögmöller-Busse durch eine hervorragende Verarbeitung aus. Der Einsatz hochwertiger Materialien und zusätzlicher Korrosionsschutz sorgten für eine lange Betriebsbereitschaft. So wurden bei der Fahrbodenanlage praktisch nur noch verzinkte Stahlbleche oder Nirosta-Bleche verwendet. Aber auch dies: Um die Schwitzwasserbildung zu verhindern und sie somit von innen vor Rostfraß zu schützen führte Drögmöller ab Mitte 1981 die Hohlraumversiegelung der Karosserie durch Polyurethan-Hartschaum ein. Die Stahlrohre im unteren Bereich waren nun hohlraumversiegelt und ausgeschäumt, das ganze Fahrzeug von unten mit Unterbodenschutz versehen. Auch bestanden alle Bremsleitungen aus Polyamidroh-

ren. Für die Lackierung der Fahrzeuge verwendete man hochwertige und robuste Acryl-Lacke. Selbstverständlich profitierte auch der modifi-

zierte Pullman-Karosserie-Aufbau des O 303 / DR 13, wie alle anderen Versionen auf dem O 303-Chassis, von diesen Neuerungen.

Baureihe:	Mercedes-Benz
Modell/Typ:	O 303 / DR13 Pullman
Bauzeit:	1979-1984
Sitzplätze/-reihen:	39-51 / 10-12
Motor:	V8-Zyl.-Diesel, Direktein-spritzer, DB OM 402, ab 81: DB OM 422
Hubraum:	12.760 ccm / 14.618 ccm
B x H:	125 x 130 mm / 128 x 142 mm
Leistung:	256/280 PS (188/206 kW) 2500/2300
Getriebe:	6-Gang
Bremsen:	2-Kreis-Druckluft
Höchstgeschw.:	120 km/h
Leergewicht:	ca. 10.600 kg
zul. Gesamtgew.:	14.800 kg
Reifen :	12 R 22,5; hinten Zwilling
Radstand:	5381 mm
L x B x H:	10.606 x 2500/2300 x 3200 mm
Überhang v/h:	2040 / 3185 mm
Kofferraum:	ca. 7,0 m³
Kraftstofftank:	230 Liter
Anmerkungen:	Stückzahl: 9 Exemplare, Grundpreis 1983: DM 329.688,–

Mercedes-Benz O 303 / DR 15

Zum Flaggschiff unter den auf dem Mercedes-Benz-Chassis O 303 aufgebauten Reiseomnibussen avancierte 1979 der O 303 / DR 15. Mit insgesamt 96 gebauten Fahrzeugen war der 12-Meter-Mitteldecker wesentlich erfolgreicher als der um eine Sitzreihe kleinere, 11,34 Meter lange O 303 / DR 14, der es auf 20 Exemplare brachte. Rollte der DR 15 mit seiner modifizierten Pullman-Karosserie anfangs noch auf Reifen der Dimension 12 R 22,5, so wurden ab 1980 Reifen in der Größe 12/80 R 22,5 GV und ab 1982 in der Dimension 295/80 R 22,5 montiert. Die Modernisierung und Vergrößerung der Produktionshallen des Omnibuswerkes in der Heilbronner Lichtenbergstraße erlebte die O 303 Baureihe nur ganz kurz, denn 1984 wurde der letzte Omnibusaufbau auf der Mercedes-Benz-O 303-Bodengruppe produziert. Nun sollten nur noch Komplettbusse aus dem eigenen Haus das Modellprogramm von Drögmöller bestimmten.

Baureihe:	Mercedes-Benz
Modell/Typ:	O 303 / DR15 Pullman
Bauzeit:	1979-1984
Sitzplätze/-reihen:	47-59 / 12-14
Motor:	V8-Zyl.-Diesel, Direkteinspritzer, DB OM 402, ab 1981: DB OM 422
Hubraum:	12.760 ccm / 14.618 ccm
B x H:	125 x 130 mm / 128 x 142 mm
Leistung:	256/280 PS (188/206 kW) 2500/2300
Getriebe:	6-Gang
Bremsen:	2-Kreis-Druckluft
Höchstgeschw.:	120 km/h
Leergewicht:	ca. 11.400 kg
zul. Gesamtgew.:	16.000 kg
Reifen:	12 R 22,5; hinten Zwilling
Radstand:	6330 mm
L x B x H:	12.000 x 2500/2300 x 3200 mm
Überhang v/h:	2535 / 3185 mm
Kofferraum:	ca. 9,0 m³
Kraftstofftank:	2 x 177 Liter
Anmerkungen:	Auch als O 303 / DR 14 Grundpreis 1983: DM 352.948,–

Scania K 112 / Drögmöller SC 320

Baureihe:	Scania
Modell/Typ:	Scania K 112/ Drögmöller SC 320
Bauzeit:	1985
Sitzplätze/-reihen:	52-56 / 12-14
Motor:	6-Zyl.-Turbodiesel, Scania DS 11 Direkteinspritzer,
Hubraum:	11015 ccm
B x H:	127 x 145 mm
Leistung:	305 PS (224 kW) 2000 U/min
Getriebe:	10-Gang Splitgetriebe
Bremsen:	2-Kreis-Druckluft, Trommelbremsen
Höchstgeschw.:	120 km/h
Leergewicht:	ca. 12850 kg
zul. Gesamtgew.:	17500 kg
Reifen :	12/80 R 22,5; hinten Zwilling
Radstand:	6100 mm
L x B x H:	12000 x 2500 x 3400 mm
Überhang v/h:	2700 / 3200 mm
Kofferraum:	ca. 12,0 m³
Kraftstofftank:	400 Liter
Anmerkungen:	Weitere Sonderanfertigungen: Scania BR 145 / E 310 (1977), Scania BR 116 (1982), Volvo B 10 M / E 330 (1986)

Obwohl Drögmöller 1984 die Herstellung von Omnibus-Aufbauten aufgab, um künftig nur noch eigene Komplettbusse zu produzieren, machten die Heilbronner Omnibusbauer 1985 nochmals eine Ausnahme. Speziell für einen skandinavischen Kunden, setzten die Heilbronner zur IAA 1985 ihren erfolgreichen E 320 Europullman auf das Scania-Chassis K 112. Anstelle der vierfach angelenkten starren Scania-Vorderachse verwendete man jedoch die bewährte Drögmöller-Einzelradaufhängung kombiniert mit den Scania-Radnaben ab Achsschenkelbolzen. Angetrieben wurde diese deutsch-schwedische Kombination von dem Scania-Turbodiesel-Sechszylindermotor, der 305 PS (224 kW) leistete. Zum Scania-Motor gehörte auch das Zehngang-Splitgetriebe. Komplettiert wurde dieser Scania-Langzeit-Bausatz K 112 durch die Drögmöller-Karosserie E 320, die mit einer Gesamthöhe von 3400 mm und einer Innenstehhöhe von 1950 mm Spitzenwerte zeigte.

Drögmöller E 330

Die Entwicklung, die 1973 mit dem Eupu 256 und seinem stufenartigen Innenraum begann, setzte sich beim Typ E 330 Comet ab 1977 fort. Die weiter entwickelte Typenreihe zeichnete sich durch einen von vorn nach hinten ansteigenden Fußboden (2,5°) aus, so dass alle Fahrgäste durch die „Theaterbestuhlung" eine ungehinderte Sicht nach vorn durch die überdimensionale Frontscheibe hatten. Charakteristisch waren beim „Comet" seine in gleicher Neigung nach hinten ansteigende Fensterbrüstung sowie die großen vorderen Fünfeckfenster an den Seitenscheiben. Für Schweizer Kunden, die schon lange einen guten Teil der Drögmöller-Fahrzeuge abnahmen, wurde der E 330 Comet auch mit 2,3 Meter Breite für Passfahrten geliefert. Angetrieben wurde diese neue Drögmöller-Busgeneration wahlweise von dem V10-Motor OM 403 mit einer Leistung von 320 PS, den Daimler-Benz eigentlich nur für den Einsatz im Lkw vorgesehen hatte, oder vom V8-Motor OM 402 mit 256 PS. Auf Wunsch: Klimaanlage entweder integriert oder in Aufdach-Ausführung (Höhe 3550 mm).

Baureihe:	300
Modell/Typ:	E 330 Comet
Bauzeit:	1977-1979
Sitzplätze/-reihen:	47-59 / 12-14
Motor:	V8-Zyl.-Diesel, Direkteinspritzer, DB OM 402, Wasserkühlung
Hubraum:	12.760 ccm
B x H:	125 x 130 mm
Leistung:	256 PS (188 kW) bei 2500 U/min
Getriebe:	6-Gang
Bremsen:	2-Kreis-Druckluft
Höchstgeschw.:	120 km/h
Leergewicht:	ca. 11.600 kg
zul. Gesamtgew.:	16.000 kg
Reifen :	12 / 80 R 22,5 GV; hinten Zwilling
Radstand:	6100 mm
L x B x H:	12.000 x 2500/2300 x 3400 mm
Überhang v/h:	2700 / 3200 mm
Kofferraum:	ca. 10 m³
Kraftstofftank:	400 Liter
Anmerkungen:	Stückzahl: 17 Exemplare

Drögmöller E 330

Ausgerüstet mit dem größeren und stärkeren V8-Motor OM 422 setzte der E 330 Comet 1979 seine große Karriere fort. Wem die Leistung von 280 PS zu gering war, der konnte sich die Turbo-Variante OM 422 A einbauen lassen, die es auf 330 PS brachte. Im Zuge seiner Weiterentwicklung und der gesetzlichen Möglichkeiten konnte das zulässige Gesamtgewicht von anfänglich 16.000 kg über 16.500 kg (1981) auf 16.800 kg (1982) kontinuierlich erhöht werden. Nicht nur der Kundenwunsch nach mehr Kofferraum und Motorleistung, auch im so wichtigen Bereich der Service- und Komforteinbauten setzte der E 330 Comet Maßstäbe: Alles war hier größer dimensioniert. Da der Platz in der Fahrzeugmitte unter dem Armaturenbrett durch die Unterfluranordnung des Frontheizgerätes frei wurde, ergab sich für den Frontkühlschrank oder für einen Fahrerschrank für verschiedene Einbauvarianten (Videoabspielgerät, Videocassetten etc.) ein ebenso neuer wie idealer Einbauort.

Baureihe:	300
Modell/Typ:	E 330 Comet
Bauzeit:	1979-1988
Sitzplätze/-reihen:	47-59 / 12-14
Motor:	V8-Zyl.-Diesel, Direkteinspritzer, DB OM 422, Wasserkühlung
Hubraum:	14.618 ccm
B x H:	128 x 142 mm
Leistung:	280 PS (206 kW) bei 2300 U/min
Getriebe:	6-Gang
Bremsen:	2-Kreis-Druckluft
Höchstgeschw.:	120 km/h
Leergewicht:	ca. 11.300 kg
zul. Gesamtgew.:	16.000 kg
Reifen :	12 / 80 R 22,5; 295/80 R 22,5; hinten Zwillingbereifung
Radstand:	6100 mm
L x B x H:	12.000 x 2500/2300 x 3400 mm
Überhang v/h:	2700 / 3200 mm
Kofferraum:	ca. 10 m³
Kraftstofftank:	400 Liter
Anmerkungen:	Stückzahl: 119 Exemplare, davon 73 Ex. mit OM 422 A, Grundpreis 1983: DM 385.310,–

Drögmöller
E 330 H

Das Jahr 1984 stand bei Drögmöller in Heilbronn ganz im Zeichen der H-Varianten. Der wesentliche Unterschied zum Basismodell bestand in dem um 200 mm höher liegenden Innenraumboden und dem daraus resultierenden größeren Kofferraum. Mit dem E 330 H Euro-Comet, der eine Fahrzeughöhe von 3600 mm aufwies, stand nun auch in der erfolgreichen Comet-Reihe eine H-Version zur Wahl. Obwohl in der Grundversion mit dem 280 PS V8-OM 422 angeboten, wurde der E 330 H EuroComet größtenteils (23 Exemplare) mit der Turbo-Variante OM 422 A gebaut, die es auf eine Leistung von 330 PS brachte. Zwei Fahrzeuge davon gingen als Rechtslenker nach Japan. Auch die Fahrzeuge der Comet-Typenreihe konnten mit Hublift und mit Platz zur Unterbringung von Rollstühlen ausgerüstet werden, dann wurde jedoch eine breitere Mitteltür notwendig. Auf Wunsch konnte der E 330 H Euro-

Comet, wie alle anderen Drögmöller-Reisebusse auch, seit Mitte 1983 mit ABS ausgestattet werden. Der ab IAA 1985 serienmäßig integrierte Überrollbügel im Heck war äußerlich als deutlich breitere Fenstersäule erkennbar. Auch

trugen die um 66% vergrößerten Querschnitte der Fensterholme zur verbesserten passiven Sicherheit bei.

Baureihe:	300
Modell/Typ:	E 330 H EuroComet
Bauzeit:	1984-1989
Sitzplätze/-reihen:	47-59 / 12-14
Motor:	V8-Zyl.-Diesel, Direktein-spritzer, DB OM 422, Wasserkühlung
Hubraum:	14.618 ccm
B x H:	128 x 142 mm
Leistung:	280 PS (206 kW) bei 2300 U/min
Getriebe:	8-Gang; MB G 04/6-Gang
Bremsen:	2-Kreis-Druckluft
Höchstgeschw.:	120 km/h
Leergewicht:	ca. 12.600 kg
zul. Gesamtgew.:	17.600 kg
Reifen :	295 / 80 R 22,5; hinten Zwilling
Radstand:	6100 mm
L x B x H:	12.000 x 2500 x 3600 mm
Überhang v/h:	2700 / 3200 mm
Kofferraum:	ca. 12,5 m³
Kraftstofftank:	400 Liter
Anmerkungen:	Stückzahl: 25 Exemplare

Drögmöller
E 330 K

Mit dem E 330 K MiniComet war auch die Comet-Baureihe in der 10-Meter-Klasse präsent.
Der Hochdecker entsprach dem Karosseriequerschnitt der anderen E 330 Comet-Typen,
war aber nur 10,56 Meter lang. Mit diesen
Abmessungen wurde der E 330 K auch in der
„Schweizer Breite" von 2300 mm angeboten
und vor allem von Schweizer Unternehmen
eingesetzt. Das schlug sich in der Zusatzbe-
zeichnung „SwissComet" nieder. Äußerliches
Unterscheidungsmerkmal der K-Version waren
vier anstatt fünf großer Seitenfenster in der
Comet-typischen Fensterbrüstung. Die serienmäßige Höhenverstellung durch die Luftfederung, bei der das Fahrzeugniveau sowohl an
der Vorderachse als auch an der Hinterachse
jeweils separat verändert werden konnte,
brachte besondere Vorteile bei engen Passkeh-
ren oder beim Befahren von Autoverladezügen
und Schiffsfähren. 1990 erhielt auch der Swiss
Comet die neue Frontpartie mit den kleinen
Dreifach-Ellipsoid DE-Scheinwerfern.

Baureihe:	300
Modell/Typ:	E 330 K MiniComet „SwissComet"
Bauzeit:	1984-1993
Sitzplätze/-reihen:	41-49 / 10-12
Motor:	V8-Zyl.-Diesel, OM 422 Direkteinspritzer, Wasserk.
Hubraum:	14.618 ccm
B x H:	128 x 142 mm
Leistung:	280 PS (206 kW) bei 2300 U/min
Getriebe:	6-Gang S6-90; ZF Automatik
Bremsen:	2-Kreis-Druckluft
Höchstgeschw.:	120 km/h
Leergewicht:	ca. 11.300 kg
zul. Gesamtgew.:	17.600 kg
Reifen :	295 / 80 R 22,5; hinten Zwilling
Radstand:	4985 mm
L x B x H:	10.560 x 2500/2300 x 3400 mm
Überhang v/h:	2535 / 3040 mm
Kofferraum:	ca. 8,5 m³
Kraftstofftank:	350 Liter
Anmerkungen:	Stückzahl: 18 Exemplare, davon 2 Ex. mit OM 442 (290 PS), 2 Ex. mit OM 402 LA (381 PS)

Drögmöller
E 330 / 3

Wie bereits ein Jahr zuvor mit dem E 320 L Dreiachs-Europullman, entschloss sich Drögmöller 1986, auch den E 330 Comet zum Dreiachser weiter zu entwickeln. Mit diesem „nur" 3400 mm hohen Dreiachser wollte der Heilbronner Omnibus-Hersteller neue Marktsegmente erschließen. Besonders hatte er dabei den Export nach Schweden im Visier, wo auf einer Vielzahl von Straßen nur eine eingeschränkte Achslast zulässig war, deren Einhaltung streng überwacht wurde. Ein 12-Meter-Zweiachser konnte daher nur eingeschränkt bei nicht voll genutzter Fahrgastkapazität eingesetzt werden. Drögmöller reagierte auf diese Bestimmungen mit dem E 330/3 Comet, der in Schweden auf dem Langstrecken-Linienverkehr als hochwertiger Reise-Omnibus im Einsatz war. Voith-Retarder, E-Gasregulierung / Tempomat (Wunsch).

Baureihe:	300
Modell/Typ:	E 330/3 Comet (Dreiachser)
Bauzeit:	1986
Sitzplätze/-reihen:	47-59/14
Motor:	V8-Zyl.-Turbodiesel, OM 422 A Direkteinspritzer, Wasserkühlung
Hubraum:	14.618 ccm
B x H:	128 x 142 mm
Leistung:	330 PS (243 kW) bei 2300 U/min
Getriebe:	8-Gang
Bremsen:	2-Kreis-Druckluft
Höchstgeschw.:	120 km/h
Leergewicht:	ca. 14.200 kg
zul. Gesamtgew.:	22.000 kg
Reifen:	295 / 80 R 22,5; hinten Zwilling
Radstand:	5300 + 1300mm
L x B x H:	12.000 x 2500 x 3400 mm
Überhang v/h:	2700 / 2750 (4050) mm
Kofferraum:	ca. 9,0 m³
Kraftstofftank:	400 Liter
Anmerkungen:	Stückzahl: 1 Exemplar

Drögmöller
E 330 / 11,3

Ende der 80er-Jahre wurde die Comet-Typenfamilie mit der Theaterbestuhlung und mit der ansteigenden Gürtellinie um eine weitere Variante erweitert: Der E 330/11,3 Comet wurde zwischen dem 10,56 Meter langen E 330 K und dem 12-Meter-Reisebus E 330 Comet positioniert. Wie inzwischen alle anderen Drögmöller-Busse auch, besaß er die modifizierte Optik mit der um fünf Grad nach hinten geneigten, aerodynamisch günstigeren Frontpartie. Neu: die serienmäßige Unterflurfrontheizung und die modifizierte elektronische Heizungsregulierung. Im neuen Jahrzehnt (ab 1990) zeigte sich auch der E 330/11,3 Comet mit neu gestalteter Frontpartie, die sich durch das Ellipsoid-Scheinwerfersystem mit insgesamt sechs kleinen Rechteckscheinwerfen von seinen Vorgängern unterschied. Obwohl in der Grundversion mit dem 290 PS starken OM 442 angeboten, entstand die Mehrzahl (fünf Exemplare) mit dem OM 442 A-Turbodiesel von 354 PS (260 kW).

Baureihe:	300
Modell/Typ:	E 330 / 11,3 Comet
Bauzeit:	1987-1991
Sitzplätze/-reihen:	45-53 / 11-13
Motor:	V8-Zyl.-Turbodiesel, OM 442 A Direkteinspritzer, Wasserkühlung
Hubraum:	14.618 ccm
B x H:	128 x 142 mm
Leistung:	354 PS (260 kW) bei 2100
Getriebe:	6-Gang S 6-90
Bremsen:	2-Kreis-Druckluft
Höchstgeschw.:	120 km/h
Leergewicht:	ca. 11.200 kg
zul. Gesamtgew.:	16.000 kg
Reifen :	295 / 80 R 22,5; hinten Zwilling
Radstand:	5400 mm
L x B x H:	11.300 x 2500/2300 x 3400 mm
Überhang v/h:	2700 / 3200 mm
Kofferraum:	ca. 8,8 m³
Kraftstofftank:	400 Liter
Anmerkungen:	Stückzahl: 9 Exemplare

Drögmöller
E 330 H

Ende der 80er-Jahre zeigte sich auch die hohe Version der erfolgreichen Comet-Baureihe, der E 330 H EuroComet, mit der leicht nach hinten geneigten, aerodynamisch günstigen Frontpartie. Überdies waren Drögmöller-Busse dank der nach hinten ansteigenden Fensterlinie unverwechselbar geworden. Der 3,6 Meter hohe Zweiachs-Hochdecker-Reisebus basierte auf seinen außergewöhnlich erfolgreichen Vorgängern. Zu den technischen Ausstattungen zählte die Automatisierte Vorwähl-Schaltung AVS in Verbindung mit dem Getriebe 6 S 150 C, das Notschaltsystem, das Anti-Blockier-System ABS, die Antriebs-Schlupf-Regelung ASR (ab 1991 serienmäßig), die Elektronische Gasregulierung (E-Gas) oder das Unterflurfrontheizgerät. Jetzt war der E 330 H EuroComet auch mit Heckeinstieg lieferbar, der nun den Wunsch nach einer Hecktoilette erfüllbar machte.

Baureihe:	300
Modell/Typ:	E 330 H EuroComet
Bauzeit:	1988-1992
Sitzplätze/-reihen:	49-57 / 12-14
Motor:	V8-Zyl.-Turbodiesel, OM 442 A, Direkteinspritzer, Wasserkühlung
Hubraum:	14.618 ccm
B x H:	128 x 142 mm
Leistung:	366 PS (269 kW) bei 2100 U/min
Getriebe:	6-Gang, ZF 6 S 150 C
Bremsen:	2-Kreis-Druckluft
Höchstgeschw.:	120 km/h
Leergewicht:	ca. 12.800 kg
zul. Gesamtgew.:	17.600 kg
Reifen :	295 / 80 R 22,5; hinten Zwilling
Radstand:	6100 mm
L x B x H:	12.000 x 2500 x 3600 mm
Überhang v/h:	2700 / 3200 mm
Kofferraum:	ca. 12,5 m³
Kraftstofftank:	400 Liter
Anmerkungen:	Stückzahl: 108 Exemplare

Drögmöller
E 330 H / 3

Mit dem E 330 H/3 EuroComet reagierte Drögmöller auf die in der Schweiz obligatorischen
niedrigen zulässigen Achslasten. Durch die
dritte Achse gab es bei diesem 12-Meter-Su-
per-Hochdecker keine Gewichtsprobleme, auch
nicht bei einer Ausstattung mit jedem erdenkli-
chen Komfort. Der E 330 H/3 basierte auf dem
EuroComet E 330 H und war mit seiner Höhe
von 3600 mm eine Alternative zu dem um 10
cm höheren SuperComet E 430. Er verfügte
ebenfalls über eine spurgelenkte, einzeln auf-
gehängte Nachlaufachse, eine Hypoid-Antrieb-
sachse und über die bewährte Drögmöller-Vor-
derachse mit Einzelradaufhängung. Der E 330
H/3 EuroComet war luftgefedert, besaß eine
Zweikreis-Druckluftbremsanlage mit Federspei-
cher-Feststellbremse und eine ZF-Kugelmutter-
Hydrolenkung. Auf Wunsch konnte der Dreiachser mit der halbautomatischen AVS-Schal-
tung und mit dem vollelektronischen Voith-Retarder (der eine gleichmäßige Bremsverzöge-
rung sicherte) ausgestattet werden.

Baureihe:	300
Modell/Typ:	E 330 H/3 EuroComet
Bauzeit:	1989-1990
Sitzplätze/-reihen:	49-57 / 12-14
Motor:	V8-Zyl.-Turbodiesel, OM 442 A, Direkteinspritzer, Wasserkühlung
Hubraum:	14.618 ccm
B x H:	128 x 142 mm
Leistung:	354 PS (260 kW) bei 2100 U/min
Getriebe:	8-Gang, ZF 8 S 180
Bremsen:	2-Kreis-Druckluft
Höchstgeschw.:	120 km/h
Leergewicht:	ca. 14.400 kg
zul. Gesamtgew.:	22.600 kg
Reifen :	295 / 80 R 22,5; hinten Zwilling
Radstand:	5300 + 1250 mm
L x B x H:	12.000 x 2500 x 3600 mm
Überhang v/h:	2700 / 2750 (4000) mm
Kofferraum:	ca. 11,3 m³
Kraftstofftank:	400 Liter
Anmerkungen:	Stückzahl: 5 Exemplare

Drögmöller E 330

Noch in gewohntem Drögmöller-Styling mit den beiden großen Rechteckscheinwerfern und der nur leicht nach hinten geneigten Windschutzscheibe, startete der E 330 Comet 1989 in seiner dritten Ausbaustufe. Mit dem V8-Turbodiesel OM 442 A von Daimler-Benz erhielt der Hochdecker nochmals einen kräftigen Leistungsschub. 366 PS (269 kW) stark, blieb dieser Zweiachser auch nach der großen Typenbereinigung 1990 noch im Programm, denn nun sollten die Comet-Varianten den Schwerpunkt der Drögmöller-Fertigung bilden. Zu den Modellpflegemaßnahmen gehörten die neue Bordelektronik samt neuem Armaturenbrett mit Automatik-Tachograph, neuer Testeinrichtung für die Flüssigkeitsstände und dem Bremsbelagverschleiß sowie die neu gestylte Frontpartie mit insgesamt sechs kleinen Rechteckscheinwerfern. Mit neuer Optik setzte der E 330 Comet anschließend seine Karriere bis 1991 fort.

Baureihe:	300
Modell/Typ:	E 330 Comet
Bauzeit:	1989-1991
Sitzplätze/-reihen:	49-57 / 12-14
Motor:	V8-Zyl.-Turbodiesel, OM 442 A, Direkteinspritzer, Wasserkühlung
Hubraum:	14.618 ccm
B x H:	128 x 142 mm
Leistung:	366 PS (269 kW) bei 2100 U/min
Getriebe:	6-Gang ZF 6 S 150 C
Bremsen:	2-Kreis-Druckluft
Höchstgeschw.:	120 km/h
Leergewicht:	ca. 11.900 kg
zul. Gesamtgew.:	17.600 kg
Reifen :	295 / 80 R 22,5; hinten Zwilling
Radstand:	6100 mm
L x B x H:	12.000 x 2500/2300 x 3400 mm
Überhang v/h:	2700 / 3200 mm
Kofferraum:	ca. 10 m³
Kraftstofftank:	400 Liter
Anmerkungen:	Stückzahl: 30 Exemplare

Drögmöller
E 330 H / 11,3

Gegenüber dem E 330 / 11,3 Comet-Basis-
modell wies die um 20 Zentimeter höhere H-
Version E 330 H / 11,3 mit 10 m³ ein wesentlich größeres Kofferraumvolumen auf. Die Kof-
ferraum-Klappen bestanden aus korrosionsfrei-
em Material, ließen sich durch innen liegende
Scharniere weit öffnen und waren mit einer
Zentralverriegelung versehen. Der höher liegende Innenraumboden trug auch zur Verbesserung des Reisekomforts bei und erlaubt allen
Passagieren freie Sicht auf Straßen, Städte und
Landschaften. Hinzu kam der leichte (2,5°)
Anstieg der elf bis 13 Sitzreihen, der den gleichen Effekt hervorrief wie die ansteigende Bestuhlung in Theater- und Konzertsälen: Die Bestuhlung wurde zum Markenzeichen des Unter-
nehmens. Dem steigenden Anspruch im Bus-
Tourismus entsprachen auch die Ausstattungsvarianten. In der Küchentechnik bot Drögmöller
im Bereich des Mitteleinstiegs eine Variante mit

Mikrowellenherd und Heißwasserzubereitung
sowie Spülbecken an, die sich durch Wurstkocher, Toaster und weitere Einbauten ergänzen
ließ. Zu den technischen Besonderheiten zählte
1989 die modifizierte Heizungsanlage mit

neuer Regelungselektronik für eine noch kon-
stantere Raumtemperatur und das neugestalte-
te Armaturenbrett, das nun auch serienmäßig
ein größeres Lenkrad von 500 mm Durchmesser erlaubte.

Baureihe:	300
Modell/Typ:	E 330 H / 11,3 EuroComet
Bauzeit:	1989-1991
Sitzplätze/-reihen:	45-53 / 11-13
Motor:	V8-Zyl.-Turbodiesel, OM 442 A, Direkteinspritzer, Wasserkühlung
Hubraum:	14.618 ccm
B x H:	128 x 142 mm
Leistung:	354 PS (260 kW) bei 2100 U/min
Getriebe:	6-Gang, ZF 6 S 150 C
Bremsen:	2-Kreis-Druckluft
Höchstgeschw.:	120 km/h
Leergewicht:	ca. 12.600 kg
zul. Gesamtgew.:	17.600 kg
Reifen :	295 / 80 R 22,5; hinten Zwilling
Radstand:	5400 mm
L x B x H:	11.300 x 2500/2300 x 3600 mm
Überhang v/h:	2700 / 3200 mm
Kofferraum:	ca. 10 m³
Kraftstofftank:	400 Liter
Anmerkungen:	Stückzahl: 8 Exemplare

Drögmöller
E 330 H

Ständig weiter entwickelt und modifiziert, zeigte
sich der Comet-Hochdecker E 330 H ab 1992
auch in der neuen Karosserieform, wie sie
erstmals beim E 430 U eingeführt wurde.
Äußeres Erkennungsmerkmal: Scheibentönung
„grau". Den 12-Meter-Zweiachser gab es
wahlweise mit 49 Schlafsesseln oder in der
Viersterne-Ausführung mit 44 Fahrgastplätzen.
Möglich war auch eine Maximal-Bestuhlung
von 51+1+1 Plätzen bei 775 mm Sitzabstand. Weitere Ausstattungsdetails wie ABS,
ASR, Voith-Retarder und automatischer Ge-
schwindigkeitsregler betrafen Sicherheit und
Wirtschaftlichkeit. Einen entscheidenden Bei-
trag zum Umweltschutz leistete der neue V8-
Turbodiesel, der die Euro I erfüllte. Als im
Januar 1994 der E 330 H seinen 10. Geburts-
tag feierte, wertete Drögmöller sein Flaggschiff
mit einem Jubiläums-Comet in Komplettaus-
stattung als 3, 4 und 5-Sterne-Fahrzeug in
limitierter Auflage auf. Jetzt zählten auch moderne Scheibenbremsen und Stabilisatoren an
Vorder- und Hinterachse zur Serienausstattung.

Baureihe:	300
Modell/Typ:	E 330 H EuroComet
Bauzeit:	1992-1996
Sitzplätze/-reihen:	49-57 / 12-14
Motor:	V8-Zyl.-Turbodiesel, OM 402 LA, Direktein- spritzer, Ladeluftkühler
Hubraum:	12.760 ccm
B x H:	125 x 130 mm
Leistung:	381 PS (280 kW) bei 2100 U/min
Getriebe:	8-Gang-ZF 8 S 180
Bremsen:	2-Kreis-Druckluft
Höchstgeschw.:	120 km/h
Leergewicht:	ca. 13.000 kg
zul. Gesamtgew.:	18.000 kg
Reifen :	295 / 80 R 22,5; hinten Zwilling
Radstand:	6100 mm
L x B x H:	12.000 x 2500/2300 x 3630 mm
Überhang v/h:	2700 / 3200 mm
Kofferraum:	ca. 12 m³
Kraftstofftank:	450 Liter
Anmerkungen:	Stückzahl: 226 Exemplare

Drögmöller E 330

Qualität, Technologie, Komfort, Styling, Exklusivität und vor allem Individualität waren die besonderen Attribute, die den Heilbronner Karosserie- und Fahrzeugbauer, der 1995 sein 75jähriges Bestehen feiern konnte, auszeichneten. Durch die Beschränkung auf einige wenige Grundtypen konnte Drögmöller nahezu alle Wünsche und Forderungen der Kunden in Bezug auf Technik, Sicherheit, Luxus und Superluxus leichter erfüllen als Großserienhersteller, die „von der Stange" lieferten. So auch bei diesem 1995 für den Schweizer Export gebauten E 330 Comet mit einer vom Kunden gewünschten Fahrzeughöhe von 3450 mm und mit dem Serienaggregat OM 402 LA. Eigentlich hätte dieser Comet-Hochdecker als Typ E 335 geführt werden müssen, doch aus Gründen der Homologation war dies nicht möglich. Bis auf die Höhe entsprach diese Version dem aktuellen E 330 H EuroComet.

Baureihe:	300
Modell/Typ:	E 330 Comet
Bauzeit:	1995
Sitzplätze/-reihen:	49-57 / 12-14
Motor:	V8-Zyl.-Turbodiesel, OM 402 LA, Direkteinspritzer, Ladeluftkühler
Hubraum:	12.760 ccm
B x H:	125 x 130 mm
Leistung:	381 PS (280 kW) bei 2100 U/min
Getriebe:	8-Gang ZF 8 S 180
Bremsen:	2-Kreis-Druckluft
Höchstgeschw.:	120 km/h
Leergewicht:	ca. 12.100 kg
zul. Gesamtgew.:	17.600 kg
Reifen :	295 / 80 R 22,5; hinten Zwilling
Radstand:	6100 mm
L x B x H:	12.000 x 2500 x 3450 mm
Überhang v/h:	2700 / 3200 mm
Kofferraum:	ca. 10 m³
Kraftstofftank:	400 Liter
Anmerkungen:	Stückzahl: 2 Exemplare

Drögmöller
E 330 H / 11,3

Auch die ab 1993 neu auf den Markt gekom-
mene, verkürzten Ausführung des E 330 H, der
Hochdecker E 330 H / 11,3 EuroComet, wies
das neue Drögmöller-Styling auf. Konsequent
in Ergonomie, Sicherheit und Leistung weiter
entwickelt, galt der Comet-Hochdecker in seiner
letzten Dekade als ein besonders ausgereiftes
Fahrzeug, das Sicherheit und Komfort mit einer
unverwechselbarer Optik kombinierte. Außerdem wurde EuroComet auf den Daimler-Benz
V8-Turbomotor mit Ladeluftkühler OM 402 LA
umgestellt, da dieser die Emissionswerte nach
Euro I erfüllte. Der E 330 H / 11,3 EuroComet
bildete das kleinstes Modell im Drögmöller-
Programm, er wies eine Sitzreihe weniger auf
als die 12-Meter-Version, seine Ausstattung
bewegte sich aber auf dem Niveau der größeren Busse: Scheibenbremsen an Vorder- und
Hinterachse waren ebenso serienmäßig wie die
integrierte Sütrak-Klimaanlage mit Fahrerplatz-
Verdampfer, die „graue" Seitenscheibentönung,
ZF-Intarder, ASR und Bosch-Tempomat.

Baureihe:	300
Modell/Typ:	E 330 H/11,3 EuroComet
Bauzeit:	1993-1994
Sitzplätze/-reihen:	45-53 / 11-13
Motor:	V8-Zyl.-Turbodiesel, OM 402 LA, Direktein- spritzer, Ladeluftkühler
Hubraum:	12.760 ccm
B x H:	125 x 130 mm
Leistung:	381 PS (280 kW) bei 2100 U/min
Getriebe:	8-Gang 8 S 180
Bremsen:	2-Kreis-Druckluft
Höchstgeschw.:	120 km/h
Leergewicht:	ca. 12.800 kg
zul. Gesamtgew.:	18.000 kg
Reifen :	295 / 80 R 22,5; hinten Zwilling
Radstand:	5400 mm
L x B x H:	11.300 x 2500/2300 x 3630 mm
Überhang v/h:	2700 / 3200 mm
Kofferraum:	ca. 10 m³
Kraftstofftank:	400 Liter
Anmerkungen:	Stückzahl: 4 Exemplare

Drögmöller E 420

Als besonderes Merkmal besaß der E 420 Corsair eine Unterflur-Fahrerkabine mit direktem Zugang zum Fahrgastraum. Durch die dritte Achse erhöhte sich nicht nur das zulässige Gesamtgewicht auf nunmehr 22 Tonnen, auch die Anzahl der Fahrgäste konnte auf maximal 63 und das Kofferraumvolumen auf 14 Kubikmeter gesteigert werden. Das Fahrzeug wurde so konzipiert, dass wesentliche Bauteile für die geplanten Typen E 430 SuperComet und E 440 Meteor übernommen werden konnten. Mit dem E 420 Corsair verwirklichte Drögmöller eine Reihe technischer Vorstellungen, so z.B. die Weiterentwicklung der Vorderachs-Einzelradaufhängung, die es ermöglichte, vom Cockpit aus zwischen den Rädern hindurch zum Kofferraum zu gelangen – eine Notwendigkeit für den späteren Bau des Doppeldeckers E 440 Meteor. Für den Antrieb sorgte der neue V8-Turbodiesel OM 422 A mit 330 PS. Auch in Rechtslenker-Ausführung entstanden drei Exemplare für Japan.

Baureihe:	400
Modell/Typ:	E 420 Corsair
Bauzeit:	1980-1987
Sitzplätze/-reihen:	51-63 / 13-15
Motor:	V8-Zyl.-Turbodiesel, OM 422 A, Direkteinspritzer, Wasserkühlung
Hubraum:	14.618 ccm
B x H:	128 x 142 mm
Leistung:	330 PS (243 kW) bei 2300 U/min
Getriebe:	Automatik ZF 4 S 150 GP
Bremsen:	2-Kreis-Druckluft
Höchstgeschw.:	120 km/h
Leergewicht:	ca. 15.000 kg
zul. Gesamtgew.:	22.000 kg
Reifen :	12/80 R 22,5 GV; hinten Zwilling
Radstand:	5400 + 1300 mm
L x B x H:	12.000 x 2500 x 3700 mm
Überhang v/h:	2600 / 2700 (4000) mm
Kofferraum:	ca. 14 m³
Kraftstofftank:	440 Liter
Anmerkungen:	Stückzahl: 10 Exemplare, davon 3 Ex. mit OM 422 LA (375 PS), Grundpreis 1983: DM 436.750,–

Drögmöller
E 400

Das neue Drögmöller-Flaggschiff, der Dreiachs-Doppeldecker E 440 Meteor, kam 1981
auf den Markt und bot 77 bequeme Schlafsessel, 10,3 m³ Kofferraum, Air-Condition, WC
und Bordküche in der Normalversion, oder 53
Schlafsessel im Oberdeck, sowie weitere Möglichkeiten des individuellen Ausbaus des Unterdecks als Unterhaltungsraum. Der serienmäßige 330-PS-Turbodiesel verfügte in seiner LA-
Version (OM 422 LA) zusätzlich über Ladeluftkühlung, so dass in dem komfortabel ausge-
statteten Fernreisebus 375 PS zur Verfügung
standen. 1988 waren es sogar 435 PS durch
das Intercooler-Triebwerk OM 442 LA. Für den
Export wurde der E 440 Meteor zum Rechtslenker weiterentwickelt. Allein 23 Exemplare
gingen nach Japan, die jedoch mit einer gerin-
geren Karosseriehöhe von 3800 bzw. 3900
mm auskommen mussten. Ab 1989 ZF-Hinter-
achse A 130 bzw. A 131, ab 1990 Vorderpartie umgestaltet und Scheinwerfer in DE-Aus-
führung.

Baureihe:	400
Modell/Typ:	E 440 Meteor
Bauzeit:	1981-1994
Sitzplätze/-reihen:	75 / 14 (OD), 5 (UD)
Motor:	V8-Zyl.-Turbodiesel, OM 422 A, Direkteinspritzer, Wasserkühlung
Hubraum:	14.618 ccm
B x H:	128 x 142 mm
Leistung:	330 PS (243 kW) bei 2300 U/min
Getriebe:	8-Gang (8 S 180 mit AVS)
Bremsen:	2-Kreis-Druckluft
Höchstgeschw.:	120 km/h
Leergewicht:	ca. 16.300 kg
zul. Gesamtgew.:	22.000 kg
Reifen v/h :	315/80R22,5 / 295/80R22,5 (Zwilling)
Radstand:	5400 + 1300mm
L x B x H:	12.000 x 2500 x 4000 mm
Überhang v/h:	2440 / 2610 (4000) mm
Kofferraum:	ca. 10,3 m³
Kraftstofftank:	530 Liter
Anmerkungen:	Stückzahl: 53 Exemplare, Grundpreis 1983. DM 524.840,–

Drögmöller
E 430

Dem Wunsch nach mehr Kofferraum, stärkerem Motor und weiteren Service- und Komforteinbauten bei gleicher Fahrgastraumkonzeption wie beim Erfolgsmodell E 330 Comet beantwortete Drögmöller 1981 mit dem E 430 SuperComet. Diese um 30 Zentimeter höhere Comet-Version besaß zur Erhöhung des Gesamtgewichtes jetzt eine dritte Achse. Als Besonderheit war der Dreiachser, wie künftig alle seiner Zunft, mit einer spurgelenkten Nachlaufachse ausgestattet, die dem Viersterne-Superhochdecker zu einem kleineren Wendekreis, als die gleichlangen Zweiachser, verhalf. Auch beim E 430 SuperComet war vor der Hinterachse der hintere Einstieg angeordnet, daneben befand sich die Unterflurtoilette. Weitere Ausstattungsdetails: Kühlschrank vorne oder hinten, Fahrerliege, Garderobe. Angetrieben von dem Turbodiesel OM 422 A mit 330 PS gab es den E 430 auch mit der leistungsgesteigerten Ladeluftversion OM 422 LA (4 Exemplare), die es auf 375 PS brachte.

Baureihe:	400
Modell/Typ:	E 430 SuperComet
Bauzeit:	1981-1989
Sitzplätze/-reihen:	47-59 / 12-14
Motor:	V8-Zyl.-Turbodiesel, OM 422 A, Direkteinspritzer, Wasserkühlung
Hubraum:	14.618 ccm
B x H:	128 x 142 mm
Leistung:	330 PS (243 kW) bei 2300 U/min
Getriebe:	8-Gang ZF 4 S – 120 GP
Bremsen:	2-Kreis-Druckluft
Höchstgeschw.:	120 km/h
Leergewicht:	ca. 15.000 kg
zul. Gesamtgew.:	22.000 kg
Reifen :	12 / 80 R 22,5 GV; hinten Zwilling
Radstand:	5400 + 1300mm
L x B x H:	12.000 x 2500 x 3700 mm
Überhang v/h:	2600 / 2700 (4000) mm
Kofferraum:	ca. 12 m³
Kraftstofftank:	430 Liter
Anmerkungen:	Stückzahl: 23 Exemplare, Grundpreis 1983: DM 433.320,–

Drögmöller E 440

Flexibel reagierte Drögmöller auf die in der Schweiz geltenden Achslastbestimmungen: Mit einem hinteren Doppelachsantriebsaggregat (Durchtriebsachse) aus dem Hause Daimler-Benz ausgerüstet, war nun auch der Dreiachs-Doppeldecker E 440 Meteor für den wichtigen Schweizer Markt zugelassen. Serienmäßig war das Hinterachstandem mit einer Differenzialsperre in Längsrichtung ausgerüstet, auf Wunsch zusätzlich auch in Querrichtung erhältlich. Da dort besonders Leistung zählte, wurde das Drögmöller-Flaggschiff serienmäßig gleich mit der 375 PS starken Ladeluft-Version OM 422 LA angeboten und war zusätzlich mit der modifizierten Fahrzeug-Höhenverstellung ausgestattet. Serienmäßig war bald auch die Anfahrhilfe, die AVS-Schalthilfe, die die Fernschaltung „Easy Shift (ES)" ablöste, aber auch die Elektronische Motorsteuerung von Bosch. Auch diese Variante des E 440 glänzte mit einer außergewöhnlichen Komfortausstattung, die sich vor allem in den Details und in der

Verarbeitungsqualität von der Konkurrenz unterschied.

Baureihe:	400
Modell/Typ:	E 440 Meteor (Schweiz-Version)
Bauzeit:	1984-1989
Sitzplätze/-reihen:	75 / 14 (OD), 5 (UD)
Motor:	V8-Zyl.-Turbodiesel, OM 422 LA, Direkteinspritzer, Ladeluftkühler
Hubraum:	14.618 ccm
B x H:	128 x 142 mm
Leistung:	375 PS (276 kW) bei 2100 U/min
Getriebe:	6-Gang, ZF S6 150 C mit AVS
Bremsen:	2-Kreis-Druckluft
Höchstgeschw.:	120 km/h
Leergewicht:	ca. 17.500 kg
zul. Gesamtgew.:	25.000 kg
Reifen v/h :	315/80R22,5 / 295/80R22,5 (Zwilling)
Radstand:	5700 + 1300mm
L x B x H:	12.000 x 2500 x 4000 mm
Überhang v/h:	2440 / 2560 mm
Kofferraum:	ca. 9,6 m³
Kraftstofftank:	530 Liter
Anmerkungen:	Stückzahl: 5 Exemplare

Drögmöller
E 430 U

Als Nachfolger des ersten Dreiachser-Reisebusses E 420 Corsair von 1980 stellte Drögmöller auf der IAA 1989 einen Superhochdecker mit schräger Fensterunterkante und Unterflurcockpit auf drei Achsen vor. Die Neukonstruktion erfüllte drei wichtige Anforderungen an einen modernen Fernreise-Luxusbus: Optimale Sicht für jeden Fahrgast durch die Drögmöller-spezifische „Theaterbestuhlung", großes Kofferraumvolumen inklusive Toilette und eine Pkw-ähnliche, ergonomische Fahrerplatzgestaltung. Dieser Dreiachser mit den für 366 und 435 PS ausgelegten Daimler-Benz-Triebwerken der OM 442-Dieselfamilie zeigte ein neues Drögmöller-Styling, das in den folgenden Jahren auch auf die anderen Modelle übertragen wurde. Neu waren auch die insgesamt sechs kleinen Ellipsoid-Einzelscheinwerfer, die zum Markenzeichen künftiger Drögmöller-Busse werden sollten. Der Viersterne-Reisebus ließ sich auch als Wohnmobil im Rennsport sowie als Ausstellungswagen mit großem Präsentationsraum gestalten.

Baureihe:	400
Modell/Typ:	E 430 U SuperComet
Bauzeit:	1990-1992
Sitzplätze/-reihen:	53-61 / 13-15
Motor:	V8-Zyl.-Turbodiesel, OM 442 A Direkteinspritzer, Wasserkühlung
Hubraum:	14.618 ccm
B x H:	128 x 142 mm
Leistung:	366 PS (269 kW) bei 2100 U/min
Getriebe:	8-Gang ZF 8 S 180 mit AVS
Bremsen:	2-Kreis-Druckluft
Höchstgeschw.:	120 km/h
Leergewicht:	ca. 15.200 kg
zul. Gesamtgew.:	22.600 kg
Reifen :	295 / 80 R 22,5; hinten Zwilling
Radstand:	5300 + 1250 mm
L x B x H:	12.000 x 2500 x 3750 mm
Überhang v/h:	2700 / 2750 (4000) mm
Kofferraum:	ca. 14 m³
Kraftstofftank:	440 Liter
Anmerkungen:	Stückzahl: 19 Exemplare, davon 10 Ex. mit OM 442 LA Euro I

Drögmöller
E 430

Zehn Jahre nach seiner Premiere setzte der Dreiachs-Superhochdecker E 430 im Jahre 1991 mit neuer Karosseriegestaltung seine Karriere fort. Die strömungsgünstige Karosserie mit ihren runden, fließenden Übergängen bewirkte nicht nur einen günstigeren cw-Wert und somit eine Optimierung des Kraftstoffverbrauchs, sondern sorgte auch für ein charakteristisches Erscheinungsbild, das durch die nach hinten ansteigende Fensterlinie und den parallel dazu verlaufenden Fußboden als einzigartige Fahrgastraum-Konzeption bezeichnet werden durfte. In hohem Maße zur Sicherheit trugen die serienmäßig eingebaute ABS-, ASR- und EMS- Anlagen (Antiblockier-System, Antriebsschlupfregelung und Elektronische Motorleistungssteuerung) bei. DE-Scheinwerfer sorgten für die Fahrbahnausleuchtung. Weitere Besonderheiten: die völlig neue Gerippestruktur zur Erhöhung der Festigkeit, die neuen Integral-Außenspiegel und die Scheibenwischer-Anlage mit vergrößerter Wischfläche.

Baureihe:	400
Modell/Typ:	E 430 SuperComet
Bauzeit:	1991-1995
Sitzplätze/-reihen:	49-57 / 12-14
Motor:	V8-Zyl.-Turbodiesel, OM 442 A Direkteinspritzer, Wasserkühlung
Hubraum:	14.618 ccm
B x H:	128 x 142 mm
Leistung:	366 PS (269 kW) bei 2100 U/min
Getriebe:	8-Gang, ZF 8 S 180 mit AVS
Bremsen:	2-Kreis-Druckluft
Höchstgeschw.:	120 km/h
Leergewicht:	ca. 14.200 kg
zul. Gesamtgew.:	22.500 kg
Reifen :	295 / 80 R 22,5; hinten Zwilling
Radstand:	5400 + 1250 mm
L x B x H:	12.000 x 2500 x 3750 mm
Überhang v/h:	2600 / 2700 (4000) mm
Kofferraum:	ca. 14 m³
Kraftstofftank:	440 Liter
Anmerkungen:	Stückzahl: 20 Exemplare, davon 10 Ex. mit OM 442 A, 7 Ex. mit OM 402 LA 3 Ex. mit OM 442 LA Euro II

Drögmöller
E 430 U

Neue Zeichen in Eleganz, Dynamik und modernster Technik setzte Drögmöller mit dem 1993 modifizierten Dreiachser-Luxus-Reiseomnibus E 430 U in Super-Hochdeckerausführung. Sphärisch gewölbte Front- und Seitenscheiben begünstigten das strömungsgünstige Styling der Vorderpartie, die, wie auch die Heckpartie, aus GFK hergestellt war. War bisher die Beplankung mit dem Gerippe verschweißt, so zog nun die geklebte Seitenwandbeplankung als absolute Neuheit in den Drögmöller-Karosseriebau ein. Durch das neue Klebeverfahren blieb die Zinkschicht unbeschädigt und trug somit zur stark verbesserten Korrosionsbeständigkeit bei. Das neuartige Belüftungssystem, das die Frischluft über das Heck ansaugt, sorgte im E 430 U SuperComet für eine gleichmäßige Be- und Entlüftung auf jedem Sitzplatz. Beste Aussichten und optimale Arbeitsbedingungen bot das ergonomisch gestaltete Unterflur-Cockpit.

Baureihe:	400
Modell/Typ:	E 430 U SuperComet
Bauzeit:	1993-1994
Sitzplätze/-reihen:	53-61 / 13-15
Motor:	V8-Zyl.-Turbodiesel, OM 442 LA Direkteinspritzer, Ladeluftkühler,
Hubraum:	14.618 ccm
B x H:	128 x 142 mm
Leistung:	435 PS (320 kW) bei 2100 U/min
Getriebe:	8-Gang ZF 8 S 180 mit AVS
Bremsen:	2-Kreis-Druckluft
Höchstgeschw.:	120 km/h
Leergewicht:	ca. 15.200 kg
zul. Gesamtgew.:	22.600 kg
Reifen :	295 / 80 R 22,5; hinten Zwilling
Radstand:	5300 + 1250 mm
L x B x H:	12.000 x 2500 x 3750 mm
Überhang v/h:	2700 / 2750 (4000) mm
Kofferraum:	ca. 14 m³
Kraftstofftank:	440 Liter
Anmerkungen:	Stückzahl: 6 Exemplare

Volvo B 12-500

Was im Frühjahr vereinbart, wurde am Vortag der Nutzfahrzeug-IAA in Hannover im September 1994 Realität: Volvo und Drögmöller machen gemeinsame Sache. Das Ergebnis, das erste gemeinsame Produkt, stand auch gleich auf dem IAA-Messestand: der Luxus-Fernreisebus Volvo B 12-500. Zwar führte der neue Reisebus noch die Karosserieform des E 325 Europullman, doch darunter vollzog sich bei dem weiter in Heilbronn gebauten Reisebus eine grundlegende Wandlung. Nicht mehr ein Daimler-Benz-Triebwerk, sondern hauseigene Volvo-Dieselmotoren waren jetzt für den Vortrieb zuständig. Im B 12-500 war es das Sechszylinder-Volvo-Turbo-Aggregat TD 123 E / ES von leistungsstarken 356 bzw. 405 PS, das zusammen mit dem Volvo-Fahrgestell B 12 B aus U-Profil-Hauptträger mit Querstegen, luftgefedert und mit der Volvo-Starrachse, die neue Basis bildete.

Baureihe:	Volvo
Modell/Typ:	B 12-500
Bauzeit:	1994-1996
Sitzplätze/-reihen:	49+2 max. / 13
Motor:	6-Zyl.-Turbodiesel, Ladeluftkühler Direkteinspritzer, Volvo TD 123 ES
Hubraum:	12.100 ccm
B x H:	131 x 150 mm
Leistung:	405 PS (298 kW) bei 1700 U/min
Getriebe:	8-Gang, Volvo G8-EGS
Bremsen:	2-Kreis-Druckluft
Höchstgeschw.:	120 km/h
Leergewicht:	ca. 13.000 kg
zul. Gesamtgew.:	18.000 kg
Reifen :	295 / 80 R 22,5; hinten Zwilling
Radstand:	5945 mm
L x B x H:	12.000 x 2500 x 3480 mm
Überhang v/h:	2640 / 3415 mm
Kofferraum:	ca. 10 m³
Kraftstofftank:	360 Liter
Anmerkungen:	Stückzahl: 20 Exemplare

Volvo B 12-600

Das Ergebnis aus der Übernahme von Drögmöller durch Volvo wurde Ende 1995 vorgestellt: Der Volvo B 12-600 EuroComet mit der berühmten „Theaterbestuhlung". Er setzte Maßstäbe für den Reisekomfort und verband die Vorteile kostengünstiger Großserienfertigung mit schwäbischer Handwerkskunst. Mit dem Prädikat Europas „Coach of the Year 1996" ausgezeichnet, überzeugte der B 12-600 Euro-Comet die Fachjournalisten. Zum Statussymbol bei den deutschen Busreiseveranstaltern avanciert, dominierte er die Heilbronner Omnibus-Produktion mit einem Anteil von 90%. Besaß der B 12-500 von 1994 noch ein Volvo-Starrachsen-Fahrgestell, so konnte im B 12-600 dank eines Komponenten-Bausatzes die Drögmöller Einzelradaufhängung der Vorderräder mit Doppel-Querlenkern aus dem EuroComet übernommen werden. Mit neu gestalteter Frontpartie und runden Dreifach-Ellipsoid DE-Scheinwerfern ausgestattet, setzte der Luxus-Reisebus 1999 seine erfolgreiche Karriere fort.

Baureihe:	Volvo
Modell/Typ:	B 12-600 EuroComet
Bauzeit:	1996-2001
Sitzplätze/-reihen:	49-51+2 / 13
Motor:	6-Zyl.-Reihen-Turbodiesel, Ladeluftkühler, Direkteinspritzer, Volvo D 12 A 420 (Euro II)
Hubraum:	12.100 ccm
B x H:	131 x 150 mm
Leistung:	420 PS (309 kW) bei 1850 U/min
Getriebe:	8-Gang, Volvo G8-EGS
Bremsen v/h:	Scheiben/Trommel, Druckluft
Höchstgeschw.:	120 km/h
Leergewicht:	ca. 13.100 kg
zul. Gesamtgew.:	18.000 kg
Reifen :	295 / 80 R 22,5; hinten Zwilling
Radstand:	5850 mm
L x B x H:	12.000 x 2500 x 3630 mm
Überhang v/h:	2800 / 3350 mm
Kofferraum:	ca. 12 m³
Kraftstofftank:	540 Liter
Anmerkungen:	Stückzahl: 501 Exemplare,

Volvo B 10-400 Kombi

Mit dem Volvo B 10-400 Kombi präsentierte das Unternehmen 1997 eine neue Kombibus-Reihe. Die vielseitig einsetzbaren Busse zeichneten sich durch besonders große Fenster im Heckbereich aus. Eine Besonderheit in Mitteleuropa ist die Ausführung von Gerippe und Beplankung in korrosionsresistentem Edelstahl, Anlass für weit über das übliche Maß hinaus gehende Garantien gegen Durchrostung. Den B 10-400 Kombi als Kurzreise- und Überland-Linienbus gab es mit zwei verschiedenen Fußbodenhöhen: Die Version 860 mm mit einem Kofferraumvolumen von 4,4 m³ (sie wurde als förderfähig eingestuft) und die 1040-mm-Version mit 6,0 m³, wobei der Fußboden eben und ohne störende Radkästen ausgeführt war. Der Volvo B 10-400 Kombi ging komplett ausgestattet an den Start und setzte fahrwerks- und antriebsseitig ganz auf tausendfach Bewährtes aus dem Volvo Bus-Baukasten.

Baureihe:	Volvo
Modell/Typ:	B 10-400 Kombi
Bauzeit:	1997-2000
Sitzplätze/-reihen:	55 / 14 (+ Reisebegleiter)
Motor:	6-Zyl.-Turbodiesel, Ladeluftkühler Direkteinspritzer, Volvo DH 10 A (Euro II)
Hubraum:	9654 ccm
B x H:	121 x 140 mm
Leistung:	285 PS (210 kW) bei 2000 U/min
Getriebe:	8-Gang, Volvo G8-EGS
Bremsen:	2-Kreis-Druckluft
Höchstgeschw.:	120 km/h
Leergewicht:	ca. 12.500 kg
zul. Gesamtgew.:	18.000 kg
Reifen :	295 / 80 R 22,5; hinten Zwilling
Radstand:	5900 mm
L x B x H:	12.000 x 2550 x 3195 mm
Überhang v/h:	2590 / 3510 mm
Kofferraum:	ca. 4,4 m³ / 6,0 m³
Kraftstofftank:	420 Liter
Anmerkungen:	Stückzahl: 12 Exemplare (860) 5 Exemplare (1040)

Volvo B 10-400 Multi

Familienzuwachs gab es 1997 bei der Kombi-bus-Reihe B 10-400 durch den „Multi". Sein Kennzeichen war die 3200 mm hohe, schnörkellos gezeichneten Karosserie, welche die neu zulässige Außenbreite von 2,55 Meter ausschöpfte und dadurch spürbar mehr Ellenbogenfreiheit bot als Busse der bisherigen Konfiguration. Seine Heckdoppel-Schwenktür war auf GVFG-Förderfähigkeit ausgerichtet. Der B 10-400 Multi mit zwischen den Achsen liegendem Unterflurmotor bot als besondere Vorteile ausgewogene Gewichtsverteilung mit herausragenden Fahreigenschaften und völlig freie Gestaltungsmöglichkeiten des hinteren Überhangs, der als Niederflurperron für den Liniendienst ausgeführt werden konnte. Denkbar waren auch Fahrradträger, aber auch Ski-zubringer, Personen/Postbus, Rollstuhlshuttle, Airportbus und praktisch alles, was Kreativität und Kundenwunsch hergaben.

Das über eine doppelte Außenschwingtür erreichbare Niederflur-Heck des Volvo B 10-400 Multibusses bietet auch Rollstuhlfahrern bequeme Nutzungsmöglichkeiten.

Baureihe:	Volvo
Modell/Typ:	B 10-400 Multi
Bauzeit:	1997-2000
Sitzplätze/-reihen:	44 / 11 (+ Reisebegleiter)
Motor:	6-Zyl.-Turbodiesel, Ladeluft-kühler Direkteinspritzung, Volvo DH 10 A (Euro II)
Hubraum:	9654 ccm
B x H:	121 x 140 mm
Leistung:	285 PS (210 kW) bei 2000 U/min
Getriebe:	8-Gang, Volvo G8-EGS
Bremsen:	2-Kreis-Druckluft
Höchstgeschw.:	120 km/h
Leergewicht:	ca. 12.500 kg
zul. Gesamtgew.:	18.000 kg
Reifen :	295 / 80 R 22,5; hinten Zwilling
Radstand:	6000 mm
L x B x H:	12.000 x 2550 x 3195 mm
Überhang v/h:	2300 / 3630 mm
Kofferraum:	ca. 13,5 m³
Kraftstofftank:	365 Liter
Anmerkungen:	Stückzahl: 5 Exemplare

Volvo
B 12-500 H

Das „H" in der Typenbezeichnung verdiente
der Nachfolger des B 12-500 durch die größere Fahrzeughöhe von nunmehr 3630 mm.
Modifiziert und weiter entwickelt, erhielt der
B 12-500 H nicht nur den 420 PS starken
Volvo-Turbodiesel mit Ladeluftkühlung in Euro
II-Norm, er wurde auch in der Karosserieform
weitgehend an das Heilbronner Flaggschiff,
den B 12-600, angeglichen. Allerdings musste
der B 12-500 H ohne die berühmte „Theaterbestuhlung" auskommen, da der Fußboden
des Luxusliners nur um 0,5 Grad geneigt war.
Auch die Unterkante der „grau" getönten Seitenscheiben an der Karosserie-Außenseite verlief
waagerecht. Ab 1999 wurde der B 12-500 H
erneut einem Facelift mit einigen wichtigen
Detailverbesserungen z.B. Heckscheibe auch
außenbündig eingeklebt, unterzogen. Konzipiert als behindertengerechte Variante mit elektrisch betriebenem Hublift, erhielt der Reisebus
eine breite Mitteltür.

Baureihe:	Volvo
Modell/Typ:	B 12-500 H
Bauzeit:	1997-2001
Sitzplätze/-reihen:	51+2 / 13
Motor:	6-Zyl.-Turbodiesel, Ladeluft- kühler Direkteinspritzung, Volvo D 12 A (Euro II)
Hubraum:	12.100 ccm
B x H:	131 x 150 mm
Leistung:	420 PS (309 kW) bei 1850 U/min
Getriebe:	8-Gang, Volvo G8-EGS,
Bremsen v/h:	Scheiben/Trommel, Druckluft
Höchstgeschw.:	120 km/h
Leergewicht:	ca. 12.900 kg
zul. Gesamtgew.:	18.000 kg
Reifen :	295 / 80 R 22,5; hinten Zwilling
Radstand:	5850 mm
L x B x H:	12.000 x 2500 x 3630 mm
Überhang v/h:	2800 / 3350 mm
Kofferraum:	ca. 13 m³
Kraftstofftank:	540 Liter
Anmerkungen:	Stückzahl: 38 Exemplare, davon 5 Exemplare in „Celebration"-Version,

Volvo 9900

Mit dem vollkommen neu konstruierten Modell Volvo 9900 präsentierte das Heilbronner Volvo-Werk 2001 ein neues Topmodell, in dem das klassische Drögmöller-Konzept der Theaterbestuhlung seine Fortsetzung fand. Mit seiner glattflächigen, weitgehend schnörkellosen Linienführung hebt sich der Oberklasse-Reisebus „Made in Germany" deutlich von anderen Neuerscheinungen ab. Im neuen Look präsentiert sich neben der Front mit ihren kleinen, runden DE-Scheinwerfern auch das Heck. Die im Vergleich zum Vorgänger B 12-600 steiler gestellte Windschutzscheibe ermöglicht bessere Durchgangsverhältnisse an der Vordertür und optimierte Innenraum-Gestaltung. Angetrieben wird der 9900 von dem im Heck liegend eingebauten Reihensechszylinder Volvo Turbodiesel. Als 12-Meter-Zweiachser 2001 auf dem europäischen Markt eingeführt, gab es den 9900 ein Jahr später als 13,7-Meter-Dreiachser und eine 12,8-Meter-Dreiachsversion komplettierte 2003 die neue Volvo-9900-Baureihe „made by Drögmöller".

Baureihe:	Volvo
Modell/Typ:	9900
Bauzeit:	2001-
Sitzplätze/-reihen:	40-55 / 15 max. (+ Reisebegleiter)
Motor:	6-Zyl.-Turbodiesel, Ladeluftkühler Direkteinspritzung, Volvo DH 12 D (Euro III)
Hubraum:	12.100 ccm
B x H:	131 x 150 mm
Leistung:	420 PS (309 kW) bei 1850 U/min
Getriebe:	8-Gang, elektro-preumatisch
Bremsen:	Scheiben, Druckluft, ABS, ASR
Leergewicht:	ca. 15.000 kg (12,8-Meter)
zul. Gesamtgew.:	24.000 kg (3-Achser)
Reifen :	295 / 80 R 22.5; hinten Zwilling
Radstand:	5900 + 1400 mm (3-Achser)
L x B x H:	12.820 x 2550 x 3700 mm
Überhang v/h:	2770 / 2750 mm (3-Achser)
Kofferraum:	ca. 14,5 m³ (3-Achser)
Kraftstofftank:	720 Liter (3-Achser)

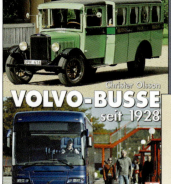

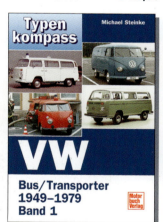
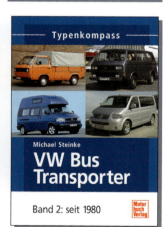